山西古村镇系列丛书

山西省住房和城乡建设厅组织编写

东沟古镇

薛林平 石玉
于丽萍 王倩 著

中国建筑工业出版社

图书在版编目(CIP)数据

东沟古镇/薛林平等著. —北京：中国建筑工业出版社，2010.8
（山西古村镇系列丛书）
ISBN 978-7-112-12245-5

Ⅰ.①东… Ⅱ.①薛… Ⅲ.①乡村-古建筑-简介-泽州县 Ⅳ.①K928.71

中国版本图书馆CIP数据核字（2010）第134231号

责任编辑：费海玲
责任设计：董建平
责任校对：张艳侠　刘　钰

山西古村镇系列丛书
山西省住房和城乡建设厅组织编写

东沟古镇

薛林平　石　玉　于丽萍　王　倩　著

*

中国建筑工业出版社出版、发行（北京西郊百万庄）
各地新华书店、建筑书店经销
北京方舟正佳图文设计有限公司制版
北京方嘉彩色印刷有限责任公司印刷

*

开本：787×1092毫米　1/16　印张：11　字数：264千字
2010年10月第一版　2010年10月第一次印刷
定价：48.00元
ISBN 978-7-112-12245-5
　　　（19496）

版权所有　翻印必究
如有印装质量问题，可寄本社退换
(邮政编码 100037)

《山西古村镇系列丛书》

主　编：王国正　李锦生
副主编：张　海　薛明耀　于丽萍

《东沟古镇》

著　者：薛林平　石　玉
　　　　于丽萍　王　倩

丛书总序

我曾多次到过山西，这里丰富的历史遗存和深厚的人文底蕴，令人赞叹，给人的印象非常深刻。山西省建设厅张海同志请我为《山西古村镇系列丛书》作个序，在这里我就历史文化遗产和古村镇保护等有关问题谈一些粗浅的想法。

国际经济社会发展的经验证明，一个国家城镇化水平达到30%以后，城镇化进程不断加快，随之出现城市建设的高潮；人均生产总值达到1000~3000美元时，进入经济发展的黄金期，也是多种矛盾的爆发期，这个时期不仅可能引发各种社会矛盾，还会出现许多问题。我国城镇化水平2003年就已经超过了40%，人均生产总值2006年已经超过了2000美元，国民经济快速发展，城镇化进程不断加速；在城市建设日新月异的发展中，中央又审时度势提出了"两个趋势"的科学判断，作出了加强小城镇和新农村建设的决策。过去，我国城市的大批建筑遗存，正是在大搞城市建设中遭到毁灭性破坏。现在，我国农村许多建筑遗产，能否在小城镇和新农村建设中有效保护，正面临着严峻考验。处理好小城镇和新农村建设与古村镇保护的关系，保护祖先留下的非常宝贵、不可再生的文化遗产，是历史赋予我们义不容辞的责任。

对于建筑历史文化遗产的保护，人们的观念不断创新、思路逐步调整、方法正在改进，从注重官府建筑、宗教建筑的保护，向关注平民建筑保护的转变；从注重单体建筑的保护，向关注连同建筑周边环境保护的转变；尤其是近年来，特别关注古村镇的保护。因为，古村镇是区域文化的"细胞"，是一个各种历史文化的综合载体，不仅拥有表现地域、历史和民族风情的民居建筑、街区格局、历史环境、传统风貌等物质文化遗产，还附着居住者的衣食起居、劳动生产、宗教礼仪、民间艺术等非物质文化遗产。我国现存有大量的古村镇，其历史文化价值和社会经济价值都是巨大的，按照英格兰的统计方法，古村镇的价值应占到GDP的30%以上。然而，认识到这一点的人并不多，甚至有人认为古村镇、古建筑是社会发展的绊脚石，这种观点对于文化的传承和社会的进步都是极为不利的。在快速推进的城乡建设浪潮中，我们所面临的最大问题就是，大批历史古迹被毁坏，大批古村镇被过度改造，使中华民族的历史文化遗产严重损坏。在这个时候提出古村镇的保护，实际上是一项带有抢救性的工作。

2008年1月1日开始实施的《城乡规划法》，突出强调了保护历史文化遗产的重要性；2008年4月又颁布了《历史文化名城名镇名村保护条例》。历史文化名城保护工作已开展近30年，历史文化名镇名村保护工作也已启动，现在大家基本达成共识，保护有价值的古村镇，其实就是"保护文化遗产，弘扬优秀的传统文化……保持民族性，体现时代性"。但是，当前全国历史文化村镇保护的形势仍然不容乐观，保护工作极不平衡，一些地方还未认识到整体保护历史文化村镇的重要性，忽视了周边环境风貌和尚未列入文物保护单位的优秀民居的保护，制定和完善保护历史文化村镇规划的任务还十分艰巨；一些地区片面追求经济效益，对历史文化村镇进行无限度、无规划的盲目开发；一些地方擅自改变国有文物保护单位的管理体制，交给企业经营管理。

　　作为华夏文明的发祥地之一，山西有着丰厚的文化积淀和历史遗存，不仅有数量众多的古建筑，还保存有大量的古村镇。由于山西历史悠久、民族聚居、文化融合、地形差异等多因素影响，再加之较为发达的古代经济，建造了大量反映农耕文明时代、各具特色的古村镇。这些古村镇，一是分布在山西中部汾河流域，以平遥古城为中心，以晋商经济为支撑，体现晋商文化特色；二是分布在晋城境内沁河流域，以阳城县的皇城、润城为中心，以冶炼工业及商贸流通为支撑，体现晋东南文化特色；三是分布在吕梁山区黄河沿岸，以临县碛口古镇为中心，以古代商贸流通、商品集散为支撑，体现晋西北黄土高原文化；四是沿山西省内外长城，在重要边关隘口，以留存了防御性村堡，体现边塞风情和边关文化，在山西统称为"三河一关"古村镇。这些朴实生动和极富文化内涵的古村镇，是人类生存聚落的延续，是中国传统建筑的精髓；保存有完整的古街区、大量的古建筑，体现着先人在村镇选址、街区规划、院落布局、建筑构造、装饰技巧等方面的高超水平；真实地反映了农耕文明时代的乡村经济和社会生活，凝聚了劳动人民的智慧，沉淀了中华民族的优秀文化，传承了丰富的历史信息；具有浓郁的地方特色和很高的研究价值，是人类共同的文化遗产和宝贵财富。

　　山西省建设厅一直对古村镇及其文化遗产的保护非常重视，从2005年开始，对全省的古村镇进行了系统普查，根据普查的初步成果，编辑出版了《山西古村镇》一书；同年，主办了"中国古村镇保护与发展碛口国际研讨会"，并通过了《碛口宣言》。报请省政府下发了《关于历史文化名镇名村保护工作的意见》，并分两批公布了71个"山西省历史文化名镇名村"，其中18处已经成为"中国历史文化名镇名村"。为大部分古村镇制定了科学的保护规划，开展了多层次的保护工作，逐步形成了科学、合理、有效的保护机制。为了不断提高人们的保护意识，他们又组织编写了《山西古村镇系列丛书》，本系列丛书撷取山西有代表性的古村镇，翔实地介绍了其历史文化、选址格局、建筑特色、非物质文化遗产，内容较为丰富。为了完成书稿的写作，课题组多次到现场调查，在村落中居住生活了相当一段时间，积累了大量第一手资料。通过细致的测绘图纸和生动的实物照片，可以看到他们极大的工作热情和辛勤劳动。这套丛书不仅是对古村镇保护工作的反映，更有助于不断增强全社会的文化遗产保护意识。让我们以此为契机，妥善处理保护与发展的关系，做到科学保护、有效传承、永续利用历史文化遗产，不断开创历史文化名镇名村保护工作的新局面。

　　是为序。

住房和城乡建设部　副部长

目 录

丛书总序

引言 ··· 1

上篇　东沟村 ··· 9
  一、村落选址 ·· 10
  二、村落格局 ·· 14
      1. 总体格局 ·· 14
      2. 道路格局 ·· 16
  三、徐家大院的空间分析 ································ 17
      1. 院落布局 ·· 17
      2. 入口分析 ·· 21
      3. 交通流线 ·· 25
  四、徐家大院的建筑特色 ································ 28
      1. 院落形制 ·· 28
      2. 院落入口 ·· 29
      3. 院落组成 ·· 32
  五、徐家大院的主要院落 ································ 36
      1. 独院 ·· 37
      2. 串院 ·· 53
      3. 组合院落 ·· 57
      4. 其他院落 ·· 71

六、庙宇祠堂 …………………………………………… 76

    1. 徐氏祠堂 …………………………………………… 76

    2. 白龙王庙与祥佛寺 ………………………………… 79

    3. 文昌阁 ……………………………………………… 83

七、装饰艺术 …………………………………………… 84

    1. 铺首 ………………………………………………… 84

    2. 门枕石 ……………………………………………… 86

    3. 墀头 ………………………………………………… 88

    4. 门窗隔扇 …………………………………………… 90

    5. 柱础 ………………………………………………… 92

    6. 照壁 ………………………………………………… 93

八、民俗文化 …………………………………………… 97

下篇　徐庄镇 ………………………………………… 101

一、市镇经济 …………………………………………… 102

    1. 市镇的创立——投资创市 ………………………… 103

    2. 商业的发展——先天优势 ………………………… 108

    3. 市镇经济的成熟——水到渠成 …………………… 112

二、规划格局 …………………………………………… 115

    1. 堡墙及堡门 ………………………………………… 117

    2. 商业街道 …………………………………………… 118

三、商业建筑 …………………………………………… 126

  1. 商铺变迁 ································· 126

  2. 商铺立面 ································· 128

  3. 商铺平面 ································· 130

  4. 商铺建造 ································· 132

  5. 商铺改造 ································· 136

  6. 主要商铺 ································· 138

 四、庙宇建筑 ································· 141

  1. 关帝庙 ··································· 141

  2. 老君庙 ··································· 145

附录

 附录1 碑文选录 ························· 146

 附录2 徐氏家谱 ························· 152

后记 ··· 168

引 言

　　本书所指的"东沟古镇",包括明清时期的"东沟村"和"徐庄镇"两个部分。东面的"东沟村"以居住建筑为主;西面的"徐庄镇"(图1-1),主要是商业建筑,三条南北向商业街道并行排列,两侧商铺林立,外设堡墙环绕,自成一体(图1-2)。村与镇之间是农田,唯有一条小路相连,新中国成立后才扩路并新建了大量现代房屋,规模渐增。现在的行政划分已将二者合为一体,统称"东沟村",隶属于山西省晋城市泽州县大东沟镇[1](图1-3)。

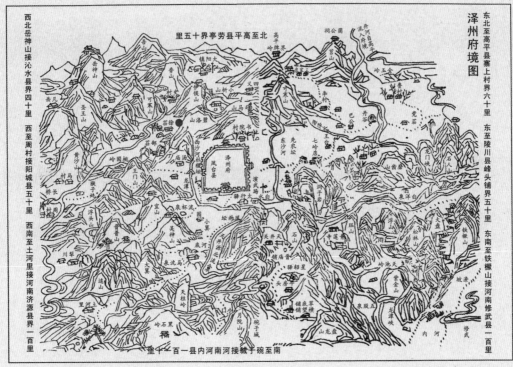

图1-1 雍正《泽州府志》中的府境图

---

[1] 现在的村镇级别划分与古代不同。"镇"广泛出现于北魏时期,起初作为一种军事据点,经历唐宋变革后,其军事职能大大蜕去,而经济色彩却逐步增强。现在的"镇"管辖周边多个村落,强调行政管辖。大东沟镇指现在意义上的村镇划分,而本书所讲的"东沟古镇"则指因商业集中而成的市镇。

图1-2 明清时期的聚落形态与道路

图1-3 东沟古镇区位图

东沟古镇位于晋城市区西北十七公里处的长河东岸,南北面山,呈"二岭夹一沟"之势,故名"东沟"。长河古称阳阿,是古代泽州地区重要的水路交通运输线[1],北接"九州针都"大阳镇,南接"三晋大镇"周村镇(图1-4)。光绪《凤台县志·卷之二·山川》记载:"阳阿水出县西北六十五里吴神山之右,南流在吴山香炉山。"[2]明清时期各色货船来往如梭,帆樯交织,为东沟古镇的繁荣奠定了基础。

---

1 长河属沁河的支流,沁河是山西东南部最大的河流,为黄河的支流。
2 吴神山又名吾山。

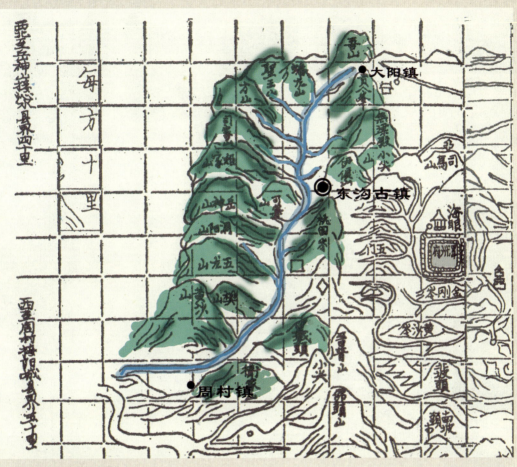

图1-4 《泽州府志》中的长河图

图1-5 新石器时代的陶器

图1-6 东沟遗址

山|西|古|村|镇|系|列|丛|书

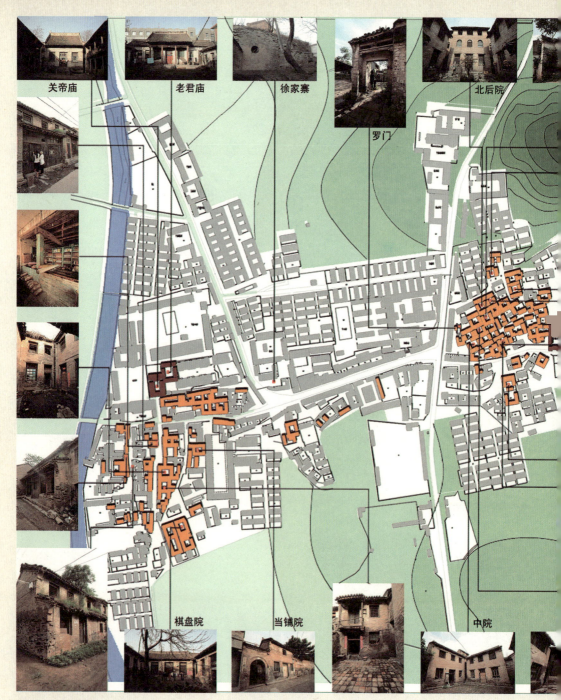

图1-7 古镇历史建筑分布图

东沟古镇所在的泽州县自然资源丰富，尤以煤矿、铁矿最负盛名。早在战国时期，赵国制造兵器所用的石炭燃料，大部分来自泽州一带。至清代，泽州的煤炭不仅供应本县，还销往汴京等地。清雍正十三年（1735年）所修《泽州府志》中载："其输市中州者，惟铁与煤，日不绝于涂(途)。"[1]这一时期东沟古镇的煤炭开采也已初具规模，丰富的煤炭资源供给方圆几十里地区，成为东沟一大支柱产业。另外，东沟镇还有大量的铁矿资源。明代时，朝廷"诏罢各处铁冶，令民得自采炼，而岁输课程，每三十分取其二"[2]，冶铁业由官营变为民营。于是，东沟古镇依靠丰富的煤铁资源在民营冶铁大潮中迅速崛起，繁荣百年而经久不衰，产品销往多个省市。有传说称，"东沟"之名来源于"洞沟"一词，意指在东沟冶铁业的鼎盛时期，村中遍是采集铁矿所留下的洞口，便取"洞沟"之谐音"东沟"为村名。这也从侧面反映了古时东沟冶铁业的繁荣。

古镇历史悠久，在距徐庄镇约一公里处的长河东岸上游曾发现大量散落的陶器（图1-5），经文物专家鉴定为新石器时代至商周时期遗物，这里便是东沟最早的人类活动遗址（图1-6）。而古镇中大量保存完好的历史建筑则为明清时期所建（图1-7）。

---

1 "中州"古时指河南地区。
2 《明太祖实录》卷一七六，洪武二十八年（1395年）。

| 山西 | 古村 | 镇系 | 列丛 | 书 |

以下根据徐氏家谱、现存碑文及村中老人口述内容，对东沟古镇的历史脉络作一简单梳理。其中《徐氏家谱》记叙完整、内容丰富，是本书最重要的历史资料[1]（图1-8）。

总体看来，东沟古镇的历史发展，经历了徐家寨、东沟村、徐庄镇三个阶段的变迁（图1-9）。

早年，徐氏家族的先辈"恒"，带领族人由长河西岸的峪南村迁往东岸，创建了第一处居所"徐家寨"（现位于东沟村与徐庄镇之间的一处高地），从此开始了徐氏家族在东沟村的历史。古寨始建时有六座大院及一座祠堂，规模较大，易守难

图1-8 徐氏家谱封面

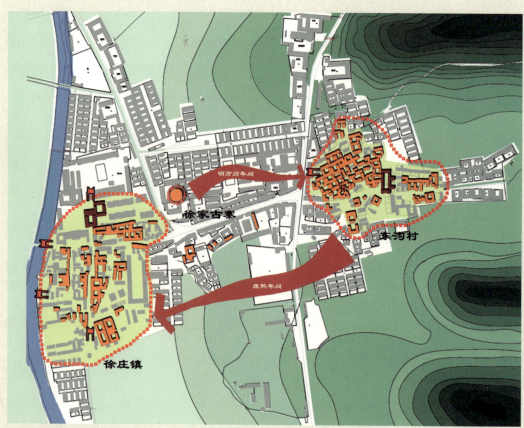

图1-9 东沟古镇变迁过程示意图

图1-10 徐家古寨残留寨墙

攻。抗日战争时期,日本人盘踞东沟时利用古寨作为制高点,拆除房屋,只留寨墙,修筑碉堡。解放后,碉堡被拆除。现古寨仅残留部分寨墙(图1-10),其内部有用来藏宝物的暗室。

徐氏先辈"恒"世的后人首分三门,长门为"斐",二门为"发"、三门为"捷",自立门户[2]。至明万历年间,古寨"因子孙繁衍,不堪容纳",徐氏家族长门始祖"斐"(号文宇公)率先从古寨中迁出,另辟寨东坡地修建"前中院,房屋北庭三间,东西角房上下各四间",并立村名为东沟[3]。从此长门徐氏逐渐兴盛,其他两门则日渐没落。《徐氏家谱》中所记载的徐氏家族即长门徐氏。长门"斐"为一世,他的三个儿子国新、国

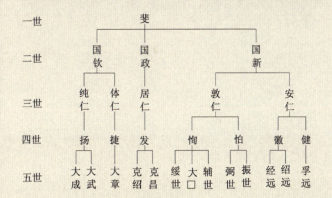

图1-11 长门徐氏家族世系图(五世)

政、国钦又再次分为三门,分别居于徐家大院及其周边诸多院落(图1-11)。长河沿岸的村落,唯独徐氏家族将新建住所选在远离长河的东侧高地,而非交通便利的长河岸边。这大概是由于东沟一带的河滩低洼,常有水患,安全无法得到保证。

---

1 徐氏家谱由徐氏家族五世孙徐绍远于康熙戊寅小春(1698年)创立,又分别于乾隆己亥(1779年)、光绪己卯(1879年)、民国14年(1925年)三次编修。后因世道纷乱,家族没落,家谱的编写工作就此停滞。现存于东沟村村委会中。
2 据家谱记载,长门"斐"(号文宇公)墓地位于东沟村徐家大院罗门口的北坪,二门"发"墓地位于东沟村南部,三门"捷"墓地位于东沟村东岭上的老龙头。
3 见本书附录二《徐氏家谱》。

徐庄镇由徐氏家族投资创建。根据《徐氏家谱》记载可知,康熙年间(1662~1722年),长门三世孙徐敦仁将西侧长河岸边大量出租的农田收回,"建庙宇,置市廛,请行抬商",创建了徐庄镇,并最终成为周边诸多村落的物资交换中心,其商业活动不同于一般村落内部的日常贸易,而是更具公共性、广泛性。这样,继以居住功能为主的东沟村之后,又形成了以商业功能为主的徐庄镇,颇具"安家立业"的味道。长河水运的地理交通优势,使得徐氏祖先不惮水患风险,放弃了东侧安全的高地而选择西侧交通便利的长河岸边建镇,为徐庄镇的繁荣创造了有利的条件。此地更有"四十里长河一码头"的美誉。徐氏家族在徐庄镇也有自己的店铺,主要经营铁条,最有名气的是徐氏家族十世孙徐吉甫先生所创建的"义顺条店"[1],让清咸丰和同治年间后已经萧条的"铁条业"重新辉煌。

根据历史脉络的梳理,可以看出,东沟古镇呈现出居住聚落与商业聚落分别发展的独特形态。本书将这两个相互分离而又密切联系的聚落合称为"东沟古镇"。

---

[1] 徐吉甫,讳可贞,字雅操,号吉甫,"卒于光绪三十四年二月十三日巳时,生于道光二十二年十二月初二日亥时,享寿六十有六。长子志忠早卒,次子志学、志勤卜葬公于村南史坪新茔"。

东沟村
DONGGOUCUN

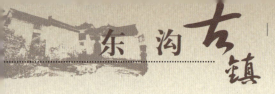

一、村落选址

村落选址最基本的原则是要有利于人的生存。在生产力落后的古代，人们基本过着"靠山吃山，靠水吃水"的生活，因此村落选址对于居住者的生活有很重要的意义。如果基地选择得好，山肥水美，物产丰富，远离水患等自然灾害，生活质量自然也高。古人在茫茫大地上选择适宜人类生存的环境，自然而然形成了一种择地的法则，这就是风水理论[1]，指导人们选择有利于生存的聚居环境（图2-1）。

东沟村地处高地，村东的东岭向西延伸至村落时分为南北二岭，东沟村便位于

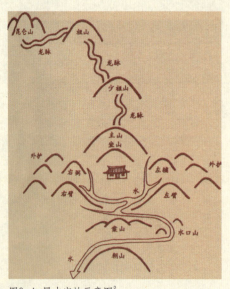

图2-1 风水宝地示意图[2]

图2-2 东沟村俯瞰图

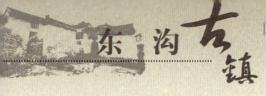

图2-3 东沟选址示意图

中间的低谷中,背靠北岭而建(图2-2)。这里土地肥沃,农作物产量高,为村民生产生活提供了有力的物质保障。但山前无水[3],不能构成"背山面水"的良好风水。因此,建造者便利用人工手段,在村落南侧挖渠将东岭之上的山泉引入,并按照人们的需要塑造了水流的路线,史书记载为"徐庄水"。另外,山岭树木繁茂,有效地调节了环境单元的小气候(图2-3)。

水是聚落环境中的重要因素,自古被认为是财运福气的象征,在风水理论中备受重视。《管子·水地》曰:"水者,何也?万物之本原也,诸生之宗室也,美恶、贤不孝、愚俊之所产生也。"风水理论中更有"寻龙择地须仔细,先须观水势","未看山,先看水,有山无水休寻地"的说法。东沟村的水源主要有井水和山泉水。

东沟村北有"南马村沟水",南有"徐庄水"[4],两者皆为山泉,水质好,水量充沛。其中"南马村沟水"是一条天然形成的河水,自东北方向而来,从村北流过,经徐庄镇北汇入长河;"徐庄水"则是人工疏导的河流,由东至西依次经过了东沟村的白龙王庙、徐家大院、文昌阁及徐庄镇舞楼等重要建筑,沿村中主干道路贯穿整个古村,由徐庄镇南汇入长河。

东沟村生活用水主要来自村东侧尽端的四口水井,分别为"圪脑井"、"龙王泉"、"当中井"、"小井"。道光七年(1827年)《东沟社永禁打洞碑记》中曾记载:"吾村之水源,亦自东北而来,由东山一带村庄,缺水者多至于吾村,则井冽泉甘,人享其利由来已久",可见东沟村水质上等。

---

1 风水理论是我国古代关于建筑环境规划和设计的一门学问,风水术盛行于全国各地,成了左右人们衣食住行、观念和行为的一个很重要的因素。朝廷中有专门从事此研究的官员,民间也有专门为老百姓建宅择址的风水先生。风水可以简单地理解为评价一块土地是否适宜建造的一些理论,这些理论是根据我国的地理环境、人文环境以及前人的经验总结而得出的,是有一定科学根据的,依此理论建造使得住宅更适宜人居住,为人们的生活提供更好的环境。但是后来人又把五行八卦融入其中,使风水学说不免多了些迷信的色彩,但是究其根本,对于建造选址还是很有价值的,其历史悠久,源远流长,在民间广为流行。
2 (明)午荣汇编,易金木译注.鲁班经.北京:华文出版社,2007年。
3 据《凤台县志卷之二山川》记载,长河沿岸的村落都有山泉从村南穿过,唯有东沟村仅有一条"南马村沟水"从镇北流过。
4 《凤台县志卷之二山川》记载山泉的名称为"徐庄水",但当地人一般不使用这个名称。

徐家大院位于东沟村西北部的高坡地，是村中规模最大的居住院落群，因此院落选址也颇为讲究。建筑依山岭而建，南侧为依次联系东沟村、边郊农田的徐庄镇、"康庄大道"，与路平行有一条自远处山岭直下的小河（徐庄水）流过，西侧及北侧又为东沟村通往泽州府的唯一大道，东侧地势较低，坡度较缓，不远处建有白龙王庙及祥佛寺。

关于徐家大院的选址及建造，族谱中记载如下："经我高祖讳斐，于寨之东方创建前中院房屋，北庭三间，东西角房上下各四间，立村名曰东沟村，考之花梁，系万历年间也。"[1] 由此可知，徐家先建"前中二院"，方立村名曰"东沟村"。因此，从某种意义上说，徐家大院的选址实际上影响并决定了整个东沟村的布局。现存的诸多庙宇及其他宅院都晚于徐家大院，或多或少受到徐家大院选址的影响，散布于其周边。

这样的选址出于下面三方面的考虑：

其一，防御及安全。明末清初沁河流域经常遭受流寇骚扰，所以民居的防御性通常很强，如一般采用寨堡式建筑群，并且将房屋建于高地，徐家大院也不例外。徐家大院位于东沟村内最高之处，庞大的院落群利用高大的堡墙、堡门围合封闭，居高临下，易守难攻，非常有利于防御。另外，距离长河相对较远且地势较高，可以避免洪水隐患，保证生命财产的安全。

其二，生活需求。徐家大院位于两条重要大路的交汇处，一条通往泽州府，一条通往徐庄镇，交通便利。而人工营建的小河从院落南侧的广场前流过，则可以满足日常洗涤、灌溉、消防等需求。

其三，风水讲究。古人认为居处风水事关子孙繁衍、家族兴旺，因此徐氏祖先置地造房时，必然尽可能地附和风水，祛除邪恶，彰显吉祥。"藏风聚气"、"山环水抱"和"龙真穴的"被称为风水选址三要素。徐家大院背靠岭地而建，寓意"山环"；东侧白龙王庙前专门引山上泉水于院落影壁前蓄池聚气，再流经徐家大院南侧向西，寓意"水抱"[2]。背山可以迎纳阳光和温暖气流，缓坡可以避免淹涝之患，面水而迎接夏日的凉风，共同建造良性循环的小气候，以达到"藏风聚气"的目的。徐氏家族利用自然条件及后天营造，成功地将徐家大院置于最佳风水的"龙穴"当中。

---

1 讳，古时对死去的长辈的尊称。斐，号文宇，家谱中记载为徐氏家族第一代祖先，即前所述文宇公。寨，指徐家寨，徐氏祖先最初由峪南迁来时所建的第一处房屋。

2 此处人工营建的小河虽然无法与真正河流相比拟，但是具有强烈的象征意义。

二、村落格局

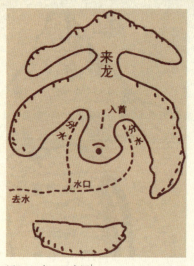

图2-4 水口示意图[1]

古人崇尚自然，建屋造园讲究"天人合一"，将建筑与环境完美结合、创造理想的人居环境是古人不懈的追求。东沟村因地制宜，同自然融为一体，保持着一种人与自然的和谐关系。

1. 总体格局

东沟村的村口在西南，也是水口，村口处建有文昌阁。村落三面丘陵，唯西侧开敞，山泉自东向西出东沟村。古时对村口的营建十分讲究，以水源代表财源，"气乘风则散，界水则止"的风水说一直影响着人们的风水理念（图2-4）。故此东沟村在山泉上修建文昌阁以扼关口，把住财源，留住财气。

东沟村由居住建筑和公共建筑组成。村落中心的徐家十八院呈棋盘状格局，自成体系；四周的公共建筑数量不多，分散在村落的四周，主要有徐氏祠堂、白龙王庙、祥佛寺、文昌阁等，均有宽敞的道路方便村民到达（图2-5）。

徐家十八院是家谱中有明确记载的第一代徐氏祖先文宇公于明万历年间（1573～1620年）创建，最初只有相邻的两所院落，即前院与中院，文宇公的后代从此便居住于此，并且发展壮大，而其他门的徐姓则在历史中逐渐湮没散离，或未成体系，鲜有记载。徐氏家族族谱记载[2]，"自文宇公一脉缘起，分三派继承迄今可据"[3]，文宇公的第二代又分为三门。随着历史的发展，人丁旺盛，但各门间境况不尽相同，实力相差悬殊，随着一次次兄弟间的分"门"别类，家族凝聚力有所减弱。康熙年间（1662～1722年），二门发展处于鼎盛时期，不仅人数最多，财力也最强，他们将自己居住的前院、中院不断扩建，最终形成号称"一进十八院"的徐家大院；长门、三门则慢慢萧条，已经没有能力聚居一处了，于是

---

1 （明）午荣汇编，易金木译注.鲁班经.北京：华文出版社，2007年。
2 如不作特殊说明，以后提到的徐氏家族特指文宇公一门后代。
3 见本书附录二《徐氏重修世系谱序》。

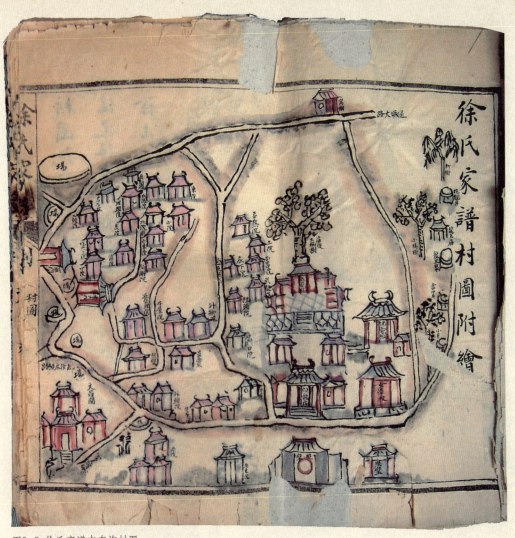

图2-5 徐氏家谱中东沟村图

各家各户独立盖房,散布于徐家大院周边。

白龙王庙与祥佛寺位于东沟村东侧边界,是集会议事和举行祭祀活动的重要场所。古人有"神前佛后不适宜居住"的说法,因此庙宇在选址时有意避开了村中的主要居住区。庙宇前面是村中的主干道,为求神问佛的村民提供了便利的交通和有效的人流集散空间。徐氏祠堂建设年代较晚,位于村落的北端,前面是东沟村的通城大路。

2. 道路格局

东沟村南北两侧各有一条东西向主路，顺应地势，自然蜿蜒，在西侧村口处交汇，形成了一条通向西侧徐庄镇的道路，在村东侧以一条南北向道路相连，于村落的外围形成了一条环路（图2-6）。

北侧主路向东走通向泽州府（现晋城所在地），是长河四十里沿岸村落唯一一条通城大路，也是商贩往来、货物运输的重要陆路交通；南侧主路是联系村落和徐庄镇的主要道路，服务于村民的内部交通和日常生活，另外这条道路还具有村落广场的功能，老人们喜欢在这里闲谈家常，孩子们喜欢成群结队地跑到这里嬉戏玩耍（图2-7）；环路中间有一条南北向道路，垂直道路方向连接着通向各家各户的小巷，形成了等级分明、主次有序的道路网。

东沟村传统建筑包括居住院落与庙宇祠堂两部分。居住建筑以规模庞大的徐家大院为典型，而保留较好的祠庙有白龙庙、祥佛寺、文昌阁与徐氏祠堂等。

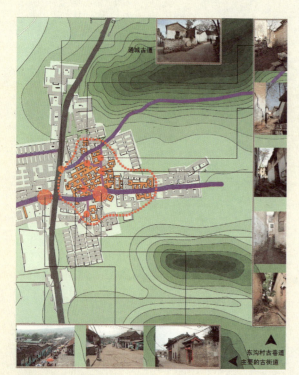

图2-6 东沟村道路系统分析图

图2-7 在广场上聊天下棋的村民

三、徐家大院的空间分析

徐家大院有大小院落约18座，规模宏大、建筑考究，各院落间巧妙组织，既珠联璧合，又独立成章，多种多样的门户、巷道与骑楼相结合，建筑与坡地相结合，使徐家大院内部空间非常丰富，流线四通八达，可谓"庭院深深深几许"（图2-8）。

1. 院落布局

徐家大院地势北高南低，西高东低，然而内部宅院由西向东渐次抬高，以应所谓"东青龙，西白虎，宁让青龙高三分，不让白虎压一筹"的风水之说。西北侧局部修建堡墙，其两端连接院墙将徐家大院围合起来，厚约0.5米，高度不详，现在只残留有部分砖砌遗迹。堡门主要有两个，一个作正门，俗称老大门，位于徐家大院东南角；另一个作后门，俗称罗门，开于徐家大院西侧堡墙之上（图2-9）。

堡墙内部排列大小18座院落（现完整保存13座，其余已拆毁），除个别院落外，基本呈棋盘式布局。院落间道路、轴线、平面层次及空间序列清晰明了，井然有序。根据现在遗留的院落及村中老人的叙述，将徐家大院总平面图基本还原如下。

(1) 院落轴线

徐家大院院落群分别有四条东西向轴线与三条南北向轴线，这七条轴线决定了徐家大院的总体棋盘式布局。其中13座大院（3座已损或重建）坐落于整个轴线网中，其余5座院落（两座已毁）灵活散布于棋盘网格周边。由南至北四排院落分别为：中院、前院、容膝居；疙岑院、茂院、小东院；上头院、里头院、北前院；马房院、西院、北后院、东院。散布院落分别为东南角老大门两侧的影壁院及下院，西侧罗门处的书房院。东西、南北向七条垂直轴线并不是完全平均分布而略有错位。

(2) 道路格局

徐家大院交错的棋盘式布局，形成内部横平竖直的网格状道路格局。道路分巷道与夹道两种（图2-10）。

东沟古镇 | 山西古村镇系列丛书

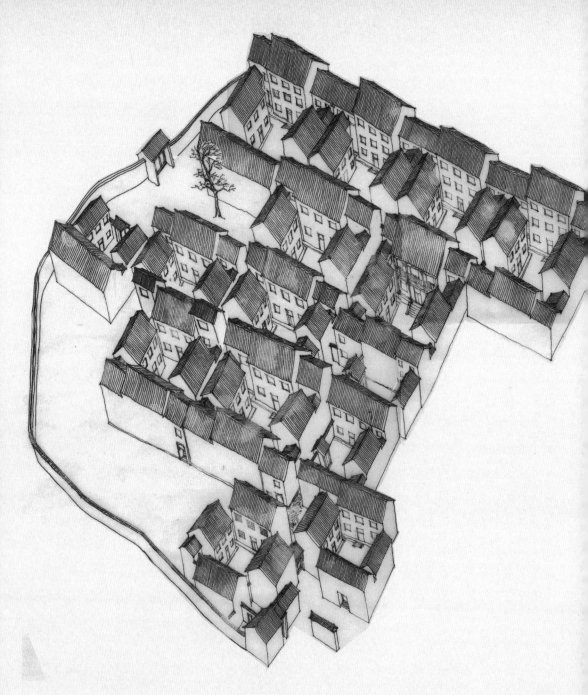

图2-8 东沟村徐家大院俯瞰图

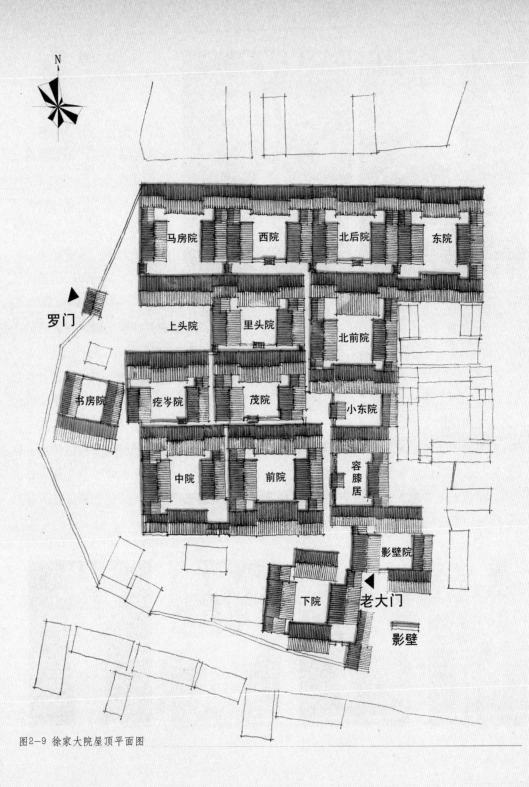

图2-9 徐家大院屋顶平面图

图2-10 徐家大院内部道路（左为巷道，右为夹道）

巷道主要用以联系老大门及不同院落的主入口，是主要的交通通道与公共空间。同村中其他公共道路一样，路面呈内凹的锅底形，以利于屋顶雨水远离地基由低洼处迅速排走，这是自然排水中常用的做法。有意思的是，现代柏油马路采用的人工排水与其截然相反，中间高，两边低，使雨水迅速汇入道路两侧的地下排水管道。巷道是徐家大院人流通行的主道，尺度较大，宽约两米左右，可容两到三人并行通过（图2-11）。

夹道的位置则非常隐蔽，通常位于两幢建筑之间。古代修建房屋时，墙体由于有各自独立的梯形地下基础（砖块放阶而成），必须相隔一定间距砌筑，同时又常常将屋檐挑出以使屋顶所排雨水远离墙脚。因此，在施工中便形成了不成文的规定，即相邻的两户人家修建房屋时，院墙边界各退后一尺半，合为三尺（宽约一米），以利屋顶挑檐和排水，形成仅容一人通过的狭窄夹道，尺度偏小。夹道使院落间排水通畅，又避免了不必要的邻里干扰。设计者还特意在夹道中开设小门通向不同院落中的隐蔽角落，使得巷道更加便捷而又私密地联系诸院落，形成纵横贯穿的内外两条交通流线，四通八达。

图2-11 徐家大院巷道与夹道尺度对比示意图

2. 入口分析

用作正门的老大门为徐家大院最正式的人行出入口，而用作后门的罗门则一般为马车、下人及牲畜的出入口。由于各自所起的作用完全不同，二者的形制也相差极大。

(1) 老大门——徐家大院正门

朝向。《相宅经纂》讲："宅之吉凶全在大门……宅之受气于门，犹人之受气于口也。"《辩论三十篇》曰："阳宅首重大门者，以大门为气口也！"风水地理学家张宗道[1]云："大门者，气口也。气口如人之口，气之口正，便于顺纳堂气，利人物出入。"古代风水理论的核心是"藏风纳气"，而门充当的重要角色便是气口，因此，古人对于大门朝向及设置非常重视，门开必要纳吉气，东方正是祥瑞之气所来之向，所以成为大门的首选方向。徐家大院正门便是坐西面东。另外，大门正对的方向也是人工小河流来的方向，水即财也，大门开在需水之方，对经商贸易的徐氏家族来说，更是寓意财富的积累。

形制。老大门是徐家大院中规模最大，形制最高的大门（图2-12）。前后两坡硬山顶，两侧各三根柱子，由前至后分别为前檐柱、中柱、后檐柱，将大门分为前中后三个层次。其中雕刻最为精美的是前檐柱面层，门扉附着的是中柱面层，而后檐柱面层则朴素简洁（图2-13）。

图2-12 徐家大院老大门

图2-13 徐家大院老大门屋顶仰视

---

[1] 张宗道为明代风水地理学家，著有《地理三会集》，为形势派传世之作，将山水性情论述至极致。

山|西|古|村|镇|系|列|丛|书

前檐柱矗立于双重柱础之上，由下至上分为三段：最下面一段由柱头枋收头，形成门洞，枋下方设中央垫板及额枋，交角处有垂柱与挂落，雕刻狮子、牡丹及仙鹿、卷草等图案[1]，分别采用浮雕与透雕手法；中间段为柱头枋承托的短柱及柱间门匾，上书大字"古今奇节"[2]，上部细枋收头；最上段出挑麻叶抱头梁，与雕刻牡丹的中央垫板共同承担屋顶檐檩。在这个有限的面积内巧妙地将徐氏家族淳朴善良的愿望（平安、财富、长寿）融合其中，雕刻技艺十分高超。

中柱形成门框，前后有雕刻精美的方形抱鼓石与门枕石相护，上槛镶嵌四个牡丹门簪。门框上部有两层高大的走马板直顶房屋脊檩，凸显高大。

后檐柱位于整座大门的最内侧，并无过多雕刻装饰，其所立柱础也简化为方形石块。

入口广场。老大门是徐家大院的主入口，因此入口广场是必不可少的。入口处的影壁院、下院前后错开，与院前道路共同围合形成一个长方形场地。这个场地不仅集中解决了影壁院、下院及老大门人流出入问题，而且由入口自然延伸至街道，起到了由内向外过渡的作用。广场中间立有一面影壁，避免了影壁院直接冲外。由于院内地坪较高，影壁也异常高大，更像整个徐家大院的标志，同时限定了广场范围。另外，影壁的位置选择也十分讲究。老大门位于广场的一角，而高大的影壁位于广场中央，当外人经过徐家大院广场时，面向主入口的视线受到遮挡，只有在一定角度范围内或者穿过影壁后方可显现老大门，设计非常巧妙，主入口的私密性因此得到最大保证（图2-14）。

a 空间组成

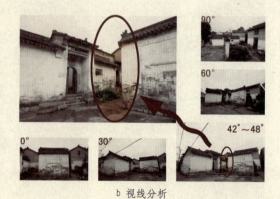

b 视线分析

图2-14 徐家大院入口广场

---

1 狮子是吉祥的象征，同时还可护法、镇邪，庇护宅主；牡丹象征富贵、财富；仙鹿象征长寿；卷草象征如意。
2 据家谱中《清贞妇张氏碑记》记载，此匾乃朝廷为嘉奖贞妇张氏之所赐。张氏为徐氏第五代族人弼世之未过门妻。

入口流线。为了避开外部人流及视线,徐家大院入口序列又多了"巷口转弯"这一环节,这样的处理方法在《鲁班经》的《造作门楼》中就有所记载:"新创屋宇开门之法:一自外正大门而入次二重较门,则就东畔开吉门,须要屈曲,则不宜太直。内门不可较大外门,用依此例也。大凡人家外大门,千万不可被人家屋脊对射,则不祥之兆也。"[1]

"须要屈曲,则不宜太直"讲的就是进门路线一定要弯曲些,不宜太过直接。徐家大院的老大门入口流线正是遵循这样的宗旨(图2-15)。首先由广场绕过高大的影壁,方可接近位于凹角处的老大门;进入大门后需右拐登上五级台阶后到达两条垂直巷道的交汇处,所谓"巷口拐弯";由这里向北可通容膝居、茂院及北前院等,向西可入前院、中院两座大院。老大门处的流线虽为曲折,但是极大地增加了徐家大院的私密性,减弱了临街的影响。

(2) 罗门——徐家大院后门

罗门充当徐家大院后门的角色,位于徐家大院西侧堡墙(图2-16)。进门后是一片空地,通往马房院、上头院、疙岑院及书房院等院落,穿过院落间的狭窄夹道又可以进入更深一层的茂院、里头院等。

罗门与堡墙直接相连,同老大门一样为独立式随墙大门,采用的建筑材料及装饰手法有所不同。两道山墙将竖向支撑的六根立柱包在墙体内部;罗门前檐柱上方保留

图2-15 徐家大院老大门入口流线示意图

---

[1] (明) 午荣汇编,易金木译注,《鲁班经》,北京:华文出版社,2007年,第122页。

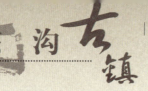

图2-16 徐家大院罗门

图2-17 徐家大院罗门屋顶仰视

图2-18 徐家大院侧门示意图

额枋、中央垫板，中柱间门框上方走马板位置镶嵌有一块石质牌匾，上书"望山峰"（图2-17）。由于罗门坐东面西，因此这里的山峰必然指的是长河西岸的可寒山，而这也从一个侧面反映了徐家大院的选址位于东沟村的一片高地之上，极目远望，视野非常开阔。整个大门由砖及条石砌筑而成，不同于老大门的木构形态。细部雕刻极为简化，显得朴实、敦厚。

(3) 徐家大院侧门

老大门与罗门是整个院落至关重要的"门脸"所在，因此它们的位置选择、入口朝向、装饰题材等都非常讲究。然而，偌大的徐家十八院并不仅有正门与后门，就在老大门的两侧，还隐藏着两个侧入口，分别通向下院及影壁院（图2-18）。这两个院落隶属于十八院的同时又单独对外开门，非常适宜充当徐家大院的"旁门左道"。而在这两个院落中，分别有小门可以进入大院内部，位置隐蔽，组织巧妙，具体形式将会在第五节的主要院落中阐述。

3.交通流线

徐家大院的交通组织分为三个层次,即院落内部流线、相邻院落间流线、院落群流线。

(1) 院落内部交通

徐家大院的诸多院落都为两层建筑围合而成的"四大八小"式院落,其内部的流线清晰统一,分竖向交通与水平交通两部分。竖向交通集中分布在院落四角的耳房处,由此放置的石梯或木梯即可通往二层。水平交通分为首层与二层。首层的交通流线主要通过中心院落来组织人流集散,故为中心向四周发射的交通流线;而二层采用环状交通流线,一房两门,前后贯通,以此形成便捷通畅的交通(图2-19)。

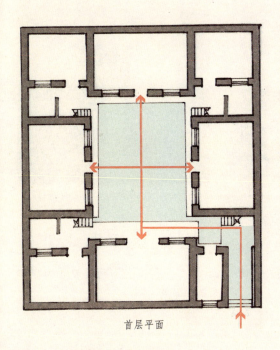
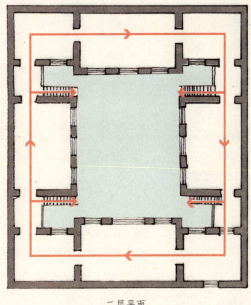

首层平面　　　　　　　　　二层平面

图2-19 徐家大院院落内部交通流线示意图

(2) 相邻院落间的联系

徐家大院相邻两个院落并非完全独立，而是变通灵活、联系紧密的。

首层交通主要通过巷道与夹道相联系，每个院落至少设有两个门，一个是通向巷道的正门，一个是通向夹道的后门。正门位于院落下方（东南角居多），而后门则开在不重要、不显眼的耳房后墙之上，非常隐蔽。当由老大门进入巷道后，经某正门进入院落一，再由院落一中特殊位置开设的小门进入夹道，沿着夹道又会有新的小门可通往院落二，由院落二大门出来，便回到了巷道之中。徐家大院首层的交通流线便转化为老大门——巷道——某一院落——夹道——另一院落——巷道的模式（图2-20）。

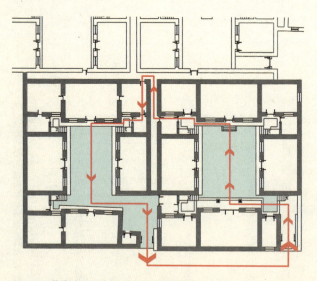 

图2-20 徐家大院相邻院落间流线示意图　　　　图2-21 徐家大院院落间的骑楼与巷道

二层交通则增加了一种特殊的交通形式——骑楼，横跨于夹道上空并与其垂直，类似于现在的连廊，将相邻院落的二层房屋联系起来（图2-21）。于是，上下两层流线相互交叉，错综复杂，使各院落成为有机的整体，极大地丰富了空间层次。

(3) 院落群流线

相邻院落间的多样联系造就了徐家大院院落群丰富的交通流线，下图为徐家大院首层交通流线图（图2-22）。

图2-22 徐家大院院落群交通流线图

四、徐家大院的建筑特色

1. 院落形制

在徐家大院如此庞大的建筑群中，却没有任何两座院落形制是完全一样的。院落形制的变化有两种方式：一种是在建造房屋时依据基地条件，对典型的"四大八小"式院落原型作了积极调整，如将耳房数量减少或位置偏移（如影壁院），增设小前院（如下院、北前院）等，标准的"四大八小"反而很少见；另一种形式则是以"四大八小"的独立院落进行纵向或横向的衍生而扩大规模。

纵向衍生主要为南北向的串院形式，其中一进院为四大八小式，院落正房采用过厅形式（房屋的正面与背面正中均有开门），过厅房主要用作接待、举行重要仪式等活动；二进院落常为三合院，相对私密，供家庭内部生活起居之用，因此这种串院又被形象地称为"前厅后舍"（图2-23）。十八院中的茂院和里头院组成的串院便是这种形式。

横向衍生则主要为东西向的跨院形式，即将东西并列几座院落通过院前通长的夹道与小门联系起来。这种院落还常常与串院相组合，形成"凸"字形平面（图2-23）。十八院中的北前院与北后院组成两进串院，北后院又与两侧的东院、西院组成跨院，一进四院，规模最大。

徐家大院中丰富的院落形制实际上也体现了徐氏家族对于"四大八小"院落形制的运用与发展。

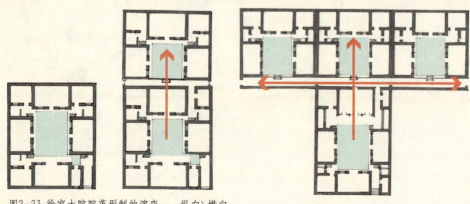

图2-23 徐家大院院落形制的演变——纵向\横向

2. 院落入口

(1) 朝向

徐家十八院的诸多院落中,入口朝向并没有明确规定,但是主要院落如前院、中院、茂院、北前院等的入口都取吉向方位,设于院落东南角的耳房处。其余较为次要的院落如小东院、容膝居、疙岑院等不规则小院,入口则不讲究朝向,依巷道走势随行布置。

(2) 形制

入口形制因院落形制而不同,如三合院或大型院落的前院常采用独立式随墙门,而带有倒座的四合院落常采用门楼式大门,是村中较为常见的形式(图2-24)。总结门楼式大门特点如下[1]:

① 入口通常位于倒座的耳房位置,占据其一个或者小于一个开间,一层大门分矩形门洞与拱形门洞两种。矩形门洞上方有月梁及额枋与外墙齐平,装饰非常简洁;圆形门洞则通常用石材发券,稳重而大方。

三合院的独立式随墙门

四大八小院的门楼式入口——矩形与拱形两种

图2-24 东沟村院落入口形制

---

1 本节选用了一些东沟村中除徐家大院以外的特色院落作实例,以方便说明。

②大门门框镶嵌于门洞的中柱位置，分为上下两部分，下部为双扇木板门，两侧安置门枕石，上部为三块走马板顶至二层楼板。走马板上一般题三字，如"安家善"、"永安居"、"永观省"、"祝三多"等，多表达古人安居乐业的美好愿望（图2-25）。

图2-25 东沟村院落入口的走马板及其题名

③考虑到排水等需求，院落内地坪高度通常高于外界道路平面。因此，院落入口处通常会有台阶拾级而上，大约占据前面一半进深（图2-26）。门洞的透视感加强，比例尺度也更适宜。

图2-26 东沟村院落入口处的台阶

④门洞上方正对应的二层外墙上开有外窗，窗户形状活泼多样，圆形窗户通常与拱形门洞相对应，而方形、八角形窗户则通常与矩形门洞相对应，以方便观察外界环境（有些大门还在其相邻的倒座或耳房山墙上开窗，作用相同）（图2-27）。

山墙外窗

图2-27 东沟村院落入口一侧的山墙外窗

当然，东沟村的居住院落入口并不完全限于以上几种常见形式，由于建造年代、地形地势、经济状况等条件不同，还产生了一些形态各异、略带活泼特色的入口形式（图2-28）。

图2-28 东沟村院落特色入口

a 二层为开敞阳台的门楼　　b 民国时期的门楼

3.院落组成

一个完整的院落由正房、厢房、倒座及耳房等组成。正房是整个院落中等级最高也是最讲究的部分，厢房、倒座次之，而耳房地位最低，但它是重要的生活辅助用房，同时承担竖向交通，是整个院落的过渡性空间，最具灵活变通性。

(1) 正房

①开间——开间数量是建筑等级的体现，而建筑等级又取决于房屋主人的身份地位。《明史·舆服制》中记载："庶民庐舍，洪武二十六年定制，不过三间五架，禁用斗栱、饰彩色。正统十二年令稍变通之，庶民房屋架多而间少者，不在禁限。"考之《徐氏家谱·功名》可知，徐氏家族大部分族人都为经商"庶民"，做官之人中最高也只达到七品芝麻官，基本无等级可言，这便决定了徐家大院所有院落正房必然采取"一明两暗"的三开间形式。

②形制——房屋类型并不受法令所限，大致有普通厅房、过厅房以及檐廊式厅房三种（图2-29）。其中作为过厅的正房正面及背墙都开门，同时打开便可穿堂而过，是为"过厅"。

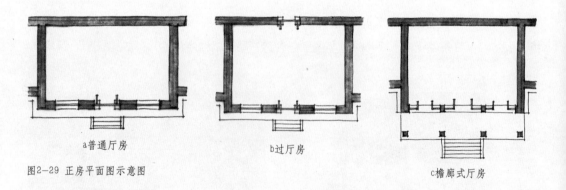

a 普通厅房　　　　　　　　b 过厅房　　　　　　　　c 檐廊式厅房

图2-29 正房平面图示意图

③立面——大致分以下三种类型（图2-30）

一进院正房及串院的二进院正房均为普通厅房，立面以实墙为主，仅在各开间用条石作过梁，开矩形门窗，面积并不大。强烈的虚实对比使得立面显得敦厚朴实，厅房的高度或两层或三层，三层厅房的立面则有所变化，如中间一层采用天圆地方窗代替方窗，以避免形式过于呆板。

串院的一进院正房为过厅房，立面柱子结构外露，柱间以木格栅镶嵌上下两层通高，因而开有大面积门窗。门窗灵活可拆卸，必要时可将过厅房转变成为一个半露天空间，便于举行各种家族活动，活动完毕后装上门板又变为封闭的厅房，非常实用。

等级较高的院落正房采用檐廊式厅房，挑出的木板檐廊可以充当二层阳台，也扩大了活动空间，大大提高了二层居住的舒适度；檐廊又作为首层由室内向室外过渡的生活地带，增加了空间层次。

这三种厅房比较而言，普通厅房保温性能最好，但室内采光不如其他两种；过厅式及檐廊式厅房立面形式活泼轻巧，但木材需求量大；而在装饰性及居住等级方面又都以檐廊式厅房最具气势。

(2) 耳房

四大八小中的"八小"指的便是院落中的八个耳房，根据其所处的位置，包括四个厢

普通二层厅房 前院正房

普通三层厅房 东院正房

过厅式厅房 东房北院

檐廊式厅房 北前院正房

图2-30 徐家大院正房立面形制

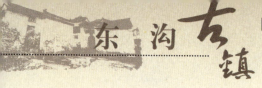

山 | 西 | 古 | 村 | 镇 | 系 | 列 | 丛 | 书

房耳房与两个正房耳房、两个倒座耳房。这八个耳房虽然都位于院落四角，但作用却不尽相同。以徐家大院为例：

① 厢房耳房

厢房耳房是全院的楼梯所在处，开间、进深都很小，面积局促，楼梯陡峭，由于空间上下贯通，灵活性很大。厢房耳房基本可以分为三种形式：全封闭型、半封闭型及露天型（图2-31）。露天型耳房相对简陋，相邻的正房耳房因此采光较好，首层随意堆砌农具等杂物，二层用木制栏杆防护；半封闭型是仅将底层封闭起来用作厨房或储藏，以增加室内使用面积（若底层楼梯未被封闭，采用耐久性较强的石梯；若封闭，则采用轻巧宜人的室内木梯），二层仅用木制栏杆防护；全封闭型是将耳房除楼梯以外的上下两层都用木格栅封闭起来，舒适性较好，但是消耗木材。

露天型	半封闭型			全封闭型
室外石梯	室外石梯	室内木梯	室内木梯	室外石梯
影壁院 西北角耳房	北后院 西北角耳房	北前院 东北角耳房	北前院 东北角耳房	前院 西南角耳房

图2-31 徐家大院厢房耳房

由厢房耳房处的楼梯登上二层平台后，左右各有门通向厢房或正房耳房，穿过二层的正房耳房可进入正房，二层也因此组成连贯的环形流线。但是由于两侧高差的问题[1]，正房耳房门口处还会加设几道台阶（图2-32）。

---

[1] 由于四合院布置多按照左昭右穆的等级秩序对称布置，因此有厢不压正之说，正房、东厢、西厢、倒座之房的高度依次降低，耳房最低，因此分别位于耳房左右两侧的厢房、正房地平面并不在同一高度。

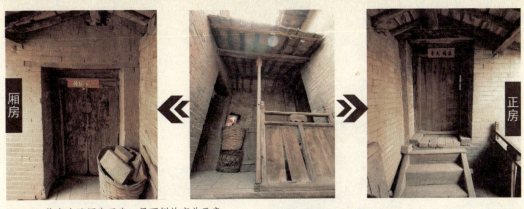

图2-32 徐家大院厢房耳房二层两侧的高差示意

②正房耳房

正房耳房也称厦房，紧贴正房两侧，背面墙体与正房相齐，正面则略有后退。开间数量及宽度减小，高度降低，因此院落北侧房屋屋脊轮廓线中间高两边低，凸显出正房的地位。厦房通常两开间，与正房三开间共同构成"一明两暗两次"的形制。厦房是正房的辅助空间，如一层厦房作厨房或储藏间，有些甚至不直接对外开门，成为正房的内套房；二层厦房则是通往正房的必经之路，相当于正房的外套房（图2-33）。有的院落厦房高出正房一层，并不是喧宾夺主，而是用以挡住"北煞"，形成独特的风水楼，兼具观察及防御作用，也称看楼。

图2-33 徐家大院正房耳房二层流线示意

③倒座耳房

倒座耳房的东南间风水极佳，常将两开间作为入口过道及门房两部分，而门房的门灵活，可直接开向院落内部或入口通道，充分利用空间（图2-34）；相反，院落西南角的倒座耳房可谓是全院风水最差的地带，一般仅作为储藏等使用。

门房+入口过道　面向过道开门　　　　　　　东南角倒座耳房　面向院内开门

图2-34 徐家大院东南角倒座耳房示意

五、徐家大院的主要院落

徐家大院的院落形式主要有三种——独院、串院[1]、跨院[2]。其中下院、影壁院、前院、中院、容膝居、疙岑院、书房院等为独院；茂院与后院为一组串院，小东院、北前院与北

---

1 串院即两座或多座院落位于同一纵轴上前后而建，犹如串在一起，形成纵向多进院落群。
2 跨院即两座或多座院落位于同一水平轴线上并行排布，两边的院落犹如附属于正院，形成横向多进院落。

后院为第二组串院；北后院又与东院、西院形成一组跨院，并同串院中的小东院、北前院相结合，五座院落形成凸字形串院与跨院结合体，为了叙述方便，便将其统称为组合院落。

1. 独院

(1) 下院

下院位于徐家大院东南角，沿街而建，建筑等级最低，故为徐家下人所居住（图2-35）。下院、影壁院与老大门相互交错形成徐家大院入口处的广场空间（图2-36）。

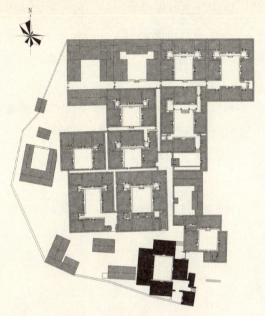

图2-35 徐家大院下院位置示意

图2-36 徐家大院入口广场处的下院

　　下院入口取吉象向东，独立式随墙门，门洞由石材发券而成拱形，上方镶嵌石刻匾额，上书"凝瑞"二字，意将东来紫气、祥瑞之风聚集于此（图2-37）。门洞上方齐墙设置月梁及额枋，两侧山墙墀头简单无装饰，显得朴实而又秀气。大门高出两侧房屋，右侧房屋后墙上还开有小窗。

　　古时临街的住宅为了避免外界干扰通常有两种处理方式：一是在正对入口处设置影壁，二是在用地允许的情况下另辟小前院作为内外过渡空间。这两种方式在徐家十八院中均有采用，如影壁院采用前者；而下院虽然土地局促，但为避免与影壁院影壁重复，则利用原有的东南角厢房和倒座耳房位置开辟小前院（图2-38）。

图2-37 徐家大院下院入口

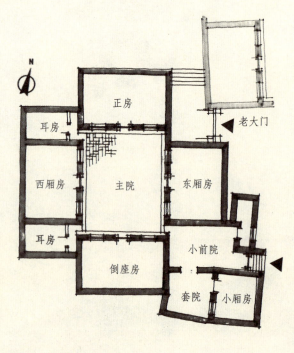

图2-38 徐家大院下院平面图

　　进入小前院后，左侧分隔出一个小型套院，以改善小前院过于狭长的比例。套院由一间厢房及花园组成，院墙上开尺度适宜的月亮门洞，为这样一座具有浓重北方古朴色彩的群落增添了一些灵气和趣味（图2-39）。

图2-39 徐家大院下院的小前院内月亮门

图2-40 徐家大院下院内院的垂花门

　　小前院正对的小垂花门便是下院的大门,位置非常局促,但形制完整,建造精巧,门枕石、门槛、走马板、梁枋、坡屋顶、屋脊一应俱全。门内侧有垂花柱,屋脊有砖雕莲荷(图2-40)。由于间距过于狭小,门两侧的山柱巧借左右的倒座厢房屋架立柱,节约材料工力的同时,也最大限度地满足了大门宽度,设计非常巧妙。

　　穿过小垂花门进入下院,院落东西南北均为二层砖木楼房,其中仅西厢房两侧附带耳房。一层砂石梁开门窗,二层平木梁开窗,形式方正(图2-41、图2-42)。内部细节装饰都集中在这些门窗过梁及屋脊之上。正房及倒座与两个厢房之间间距非常小,基本只容一人通过,耳房也因采光不足变得阴暗狭窄。

图2-41 徐家大院下院正房

图2-42 徐家大院下院东厢房

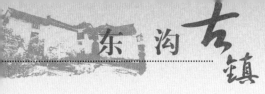

下院同时充当整个徐家大院的侧门，位置相当隐蔽，由正房室内木梯上至二层，在其东开间的背墙上面开有小门（图2-43）。利用下院与徐家大院内部地坪的高差，出小门再下几级楼梯便可到达徐家大院内两条巷道交汇处。这个侧门不仅方便下人服务各院主人，而且还为徐家大院开辟了一个危急时刻的安全出口。

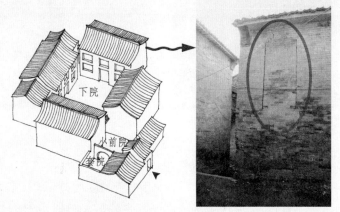

图2-43 徐家大院下院背墙上的后门与楼梯（现门洞已封，楼梯被拆除）　　图2-44 徐家大院影壁院位置示意

(2) 影壁院

影壁院退后街道数米，位于老大门东侧，与下院同是徐家大院中仅有的两座单独对外出入的院落（图2-44）。由于院落入口正对道路"犯冲"，因此门前立大影壁一座，得名影壁院。《星火风水秘传》"阳宅撮要"曰："尚遇关煞有来气直朝，门前宜筑照墙挡之，可以逢凶化吉"，"凡道路当面直朝者作来气论，道路横截者作止气论。须九宫八卦法测吉凶。凡从坐旺方来者吉，从关煞方来者凶。"[1]由此可见，影壁起到了阻挡煞气的作用。这座影壁形式简单，粗犷中透露出淳朴。

影壁院倒座紧邻徐家大院老大门，并且沿街设置入口，因此院落形制必须满足功能与形式的双重要求：功能上要求影壁院为老大门留出足够的入口空间，形式上要求影壁院外立面美观大方。

由于老大门位于影壁院西厢房耳房的位置，并且一个耳房的进深根本无法满足正门人

---

[1] 转引自：朱向东等，《晋商民居》，北京：中国建筑工业出版社，2009。

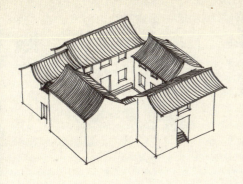

图2-45 徐家大院影壁院俯瞰图

图2-46 徐家大院影壁院倒座与老大门的位置关系

图2-47 老大门正对影壁院倒座西侧山墙

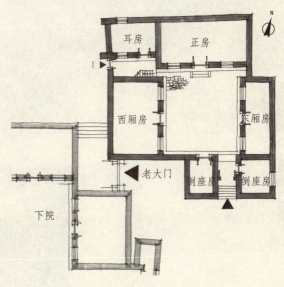

图2-48 徐家大院影壁院平面图（注：1为影壁院后门，通往巷道）

流集散的需求。因此，影壁院在建造时不仅将西南角的两个耳房空出，同时将东南角的两个耳房也一并去掉，然后将整个倒座向东平移至东厢房外墙（图2-45）。平移后的院落西南角便空出一个略大于厢房进深的距离，作为老大门的入口空间，而倒座一侧山墙又可作为老大门的入口照壁（图2-46、图2-47）。平移后倒座与西厢房未衔接部分砌筑院墙围合院落，最终形成了"四大四小"的院落形制（图2-48）。

山│西│古│村│镇│系│列│丛│书

院落形制发生变化以后,影壁院南侧所呈现的外立面由西向东依次为西厢房山墙、院墙、倒座背立面,这种排布非常无序不对称,并不符合古时的审美习惯。按照惯例,假如影壁院入口设于东南角耳房处,即现在的倒座东开间时,外立面将更加混乱,且倒座与东厢房形成死角,无法出入。考虑到这些,影壁院将入口设于倒座的明间,形成稳固均衡、左右对称的外立面(图2-49)。由于倒座的整体东移,从外面看来设于中央的大门实际上仍位于院落的东南角,可以兼顾风水。另外,由于影壁院内地坪高于院外七级台阶,倒座也因此显得较为高大气派。

图2-49 徐家大院影壁院外立面

倒座东移后只有明间与西次间面向院内（根据屋檐可以明显看出），被厢房遮挡的东次间只能面向入口过道开门（图2-50）。倒座内立面二层明间并不开窗（图2-51）。这样不仅使整个立面大致对称，而且避免倒座内外墙上窗口直接相对，将院落所凝之气流失，这应是风水上的讲究。

图2-50 徐家大院影壁院入口过道　　图2-51 徐家大院影壁院倒座内立面

图2-52 徐家大院影壁院正房

院落内部立面非常简洁,没有多余装饰(图2-52)。正房与两侧厢房形制几乎完全一样,两层砖木楼房,三开间,只在房屋高度、窗格形式上有略微差别。也许在整个院落群中,影壁院只是起到对外会客、简单停留的场所。

影壁院同下院一样,也有一座徐家大院侧门。这个侧门隐藏在院落西北角的厢房耳房一层。由此侧门出去后同样到达徐家大院内部两条巷道的相交处,虽然不显眼但是十分便捷。后来由于土改财产分配,居住人员变迁,大门已砌墙封住(图2-53)。

图2-53 徐家大院影壁院东北角耳房处的后门(现已围封)(左为院内,右为院外)

(3)前院

由徐家大院老大门进入,经"巷口拐弯",东西向及南北向两条巷道交汇处,便是徐家大院内部第一个院落——前院(图2-54)。

前院入口设于东南角,占据倒座东侧耳房的一个开间,为标准的门楼式入口(图2-55)。门楼左右两侧的檐下还有精美雕刻的墀头。进入大门后正对厢房山墙,沿靠墙木梯可上至二层耳房。入口空间有些局促,向左拐后即可进入宽敞明亮的院落内部(图2-56)。"一曲三折"、"欲扬先抑"的入口流线不仅能使院落内部远离外界干扰,而且在心理感受上能将院落内部有限的空间放大。

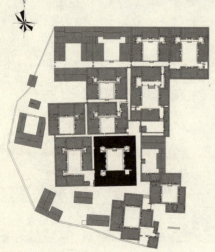

图2-54 徐家大院前院位置示意

图2-55 徐家大院前院入口（左为外侧，右为内侧）

前院是徐家大院中一座标准的"四大八小式"院落（图2-57、图2-58）。四大主房全部为三开间，两层砖木结构，十分规整（图2-59）。它也是家谱中最早记载的院落之一，"经我高祖讳斐，于寨之东方创建前中院房屋，北庭三间，东西角房上下各四间，立村名曰东沟村，考之花梁，系万历年间也"[1]。倒座比较特别，采

图2-56 徐家大院前院内部景象

---

1 见本书附录二《徐氏家谱集志附录》。

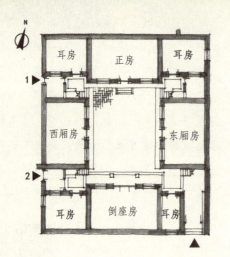

图2-57 徐家大院前院平面图（注：1为前院后门，通往前院与祝三多院间的夹道；2为前院后门，通往祝三多院）

图2-58 徐家大院前院鸟瞰图

图2-59 徐家大院前院东厢房

用外廊式，一层开木质格栅大门窗，沙石廊柱立在雕刻精美的柱础之上，二层低矮，中间平开木板门，廊柱为木质，柱间有额枋、垫板，走道栏板为万字纹（图2-60、图2-61）。

前院内部装饰主要集中在正房、厢房的两侧墀头、屋脊花纹及栏板雕刻上（图2-62）。有意思的是，这些装饰都与健康长寿、人丁旺盛密切相连，如东西厢房的墀头与外伸梁头雕刻均为寿字（寓意长寿），正房屋脊花纹及屋顶筒瓦、滴水的雕刻均为莲花（莲花寓意子孙连连），反映了徐氏家族早期建房之时对家族繁衍的美好愿望。

前院西北角耳房处还有两个后门：一个位于一层耳房的外墙之上，穿过门洞便可进入院落间狭窄的夹道，沿着夹道又会有其他后门，分别可以进入相邻院落如中院、疙岑院、茂院等；另一个则可由此处石梯登上二层，进入正房耳房后，背墙上有门可通入横

图2-60 徐家大院前院倒座

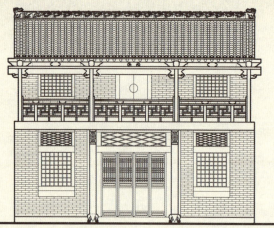

图2-61 徐家大院前院倒座立面图

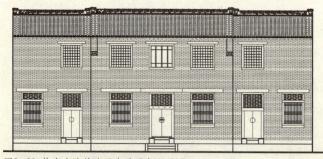

图2-62 徐家大院前院正房及耳房立面图

跨于两个院落之间的骑楼，进入北侧的茂院（图2-63）。除此以外，在前院的西南角厢房耳房的背墙上还有门窗开向西侧相邻的中院（将从中院中看到现已被封的门洞），流线非常自由。

(4) 中院

中院与前院同期而建，相邻而立，位于徐家大院院落群西南角（图2-64）。中院房屋高度稍低，南侧外墙较前院略有退后，大门形制相似而墀头装饰刻意简化，似乎表

向西通向夹道　　前院西北角　　向北通向骑楼

图2-63 徐家大院前院后门示意图

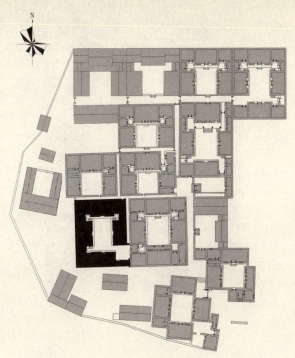

图2-64 徐家大院祝三多院位置示意

图2-65 徐家大院祝三多院大门

达了对前院地位的一种退让（图2-65）。

中院入口大门的走马板上书"祝三多"三字，因此也称祝三多院。"三多"在中国古代常表达"多福、多寿、多子"之意。

祝三多院的院落形制为"四大七小"，缺少的这一"小"便是入口处的东厢房耳房（图2-66、图2-67）。同时，为了方便联系，与此处一墙之隔的前院西南角耳房有门窗直接开向祝三多院，形成院落之间通道（图2-68）。

祝三多院正房高两层，两侧耳房均为三层，这种形式的耳房当地称为"看楼"，亦叫风水楼（图2-69）。看楼一般经过风水先生精心考察选定，除为挡住"北煞"外，因其位于徐家大院西南角，还是整个大院的制高点，外面分别有三条重要街道相汇，三层高看楼可直接观察外界情况，较小的窗洞又有利于防卫的需要，因此看楼具有明显的防御作用（图2-70）。

后门位于东北角一层耳房的背墙上，向北可进入院落间的夹道之中。遗憾的是，祝三多院已经保存不完整，西厢房为新建，西北角耳房损毁（图2-71）。

| 山 | 西 | 古 | 村 | 镇 | 系 | 列 | 丛 | 书 |

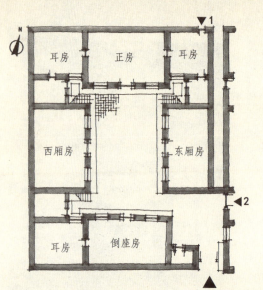

图2-66 徐家大院祝三多院平面图（注：1为祝三多院后门，通往祝三多院与疙岑院间的夹道；2为祝三多院后门，通往前院）

图2-68 徐家大院前院西南角耳房通向祝三多院的门与窗

图2-67 徐家大院祝三多院内部

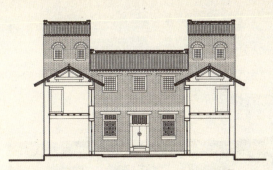

图2-69 徐家大院祝三多院正房剖立面图

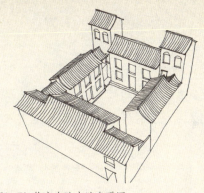

图2-70 徐家大院中院鸟瞰图

图2-71 徐家大院祝三多院正房及东耳房

(5) 疙岑院

疙岑院位于院落群的西侧，南邻祝三多院，东临茂院，西侧为罗门口（图2-72）。由于院内地势远低于外界，故入口设于西北角耳房二层平台，继续下十多级石阶方可进入院内（图2-73）。因此，外面看似只有一层的低矮院落，推门而入后便会发现一个完整的两层院落藏匿

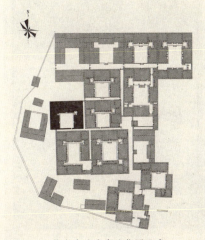

图2-72 徐家大院疙岑院位置示意

图2-73 徐家大院疙岑院入口（左为正门外侧，右为正门内侧）

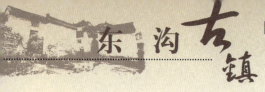

其中，疙岑院因此也称为"坑院"。

疙岑院为三合院，南侧院墙与祝三多院正房后墙毗邻而建，上开小门可进入夹道，再由夹道通达相邻的祝三多院、前院、茂院等，非常方便（图2-74、图2-75）。据村中老人回忆，疙岑院等级较低，原为徐家仆人的居住之所，平时一般由罗门、经疙岑院西北的正门出入，必要时再经小门穿过夹道进入其他院落（图2-76）。

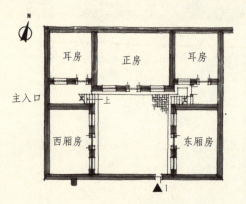

图2-74 徐家大院疙岑院平面图（注：1为疙岑院后门，通往疙岑院与祝三多院间的夹道）

图2-75 徐家大院疙岑院正房

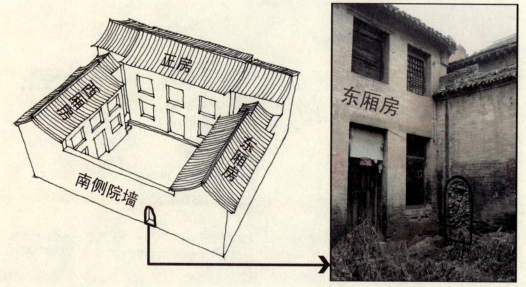

图2-76 徐家大院疙岑院后门位置示意

2. 串院

茂院与里头院（现称后院）位于十八院中心位置，呈前后两进，均为三合院，共同组成"前厅后舍"的二进串院（图2-77、图2-78）。整个院落的大门入口位于茂院东南角厢房次间，面向巷道，形制与前院、中院相似，两侧各有一座抱鼓石相护。

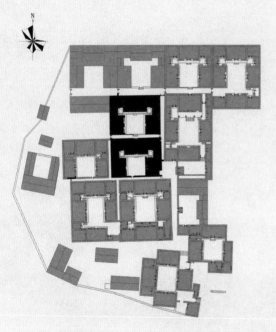

图2-77 徐家大院茂院、里头院位置示意

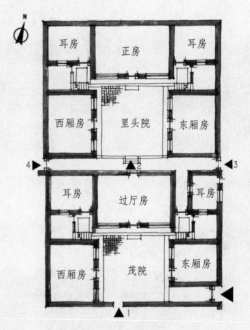

图2-78 徐家大院茂院、里头院平面图（注：1为茂院后门，通往茂院与前院间的夹道，2为里头院正门，3为茂院与里头院间夹道的小门，通往东侧的夹道，4为茂院与里头院间夹道的小门，通往上头院）

茂院院平面比例接近于1:1，呈正方形，建筑等级较高，装饰讲究（图2-79）。正房立面形式独特，粗重的柱子暴露于墙体外侧，柱子上下贯通，下立精美石雕柱础，头顶圆木大梁；通高的大面积木门窗镶嵌其中，铺满整个立面，立面显得敦实而轻透（图2-80、图2-81）。

图2-79 徐家大院茂院内部景象

图2-80 徐家大院茂院正房

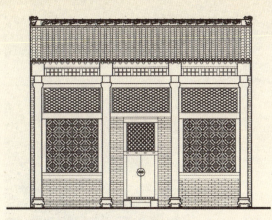

图2-81 徐家大院茂院正房立面图

茂院东西两厢房面阔三间,二层的木梁柱也暴露在外,采取联排木窗扇代替常规的实体窗间墙,这样可以有效地避免正房与厢房过于强烈的虚实对比,立面形式也更加宜人(图2-82、图2-83)。

茂院南侧是与前院平行而建的院墙,中间仅隔一条小夹道。墙上有雕刻精美的大影壁正对正房,约占墙面一半,上面雕椽子、斗栱、月梁、挂落、垂花等,下面有如意卷草纹作为基座收尾。影壁以正六边形作底图,四角及中心图案雕有吉祥动物,寓意美好。在院墙的西侧开拱形门洞作为后门,由此可进入夹道及其他院落(图2-84)。夹道上方有骑楼凌驾上空,这便是前院西北角耳房通向茂院西厢房的通道(参见前院中叙述)(图2-85)。

图2-82 徐家大院茂院厢房(左为东厢房,右为西厢房)

由茂院如何进入里头院呢?有三种方式——重要日子时,茂院正房背墙上的后门(现已封堵)会与前门同时打开,人们直接穿堂而过,经两个院落之间狭窄的夹道进入里头院;平日,正房作为起居大厅背墙上的后门通常紧闭,而正房东耳房一个开间被打通成为主要过道,或者也可以登上正房西耳房二层背墙上小门经骑楼联通里头院的西厢房二层。现在里头院已经基本损毁(图2-86)。

山|西|古|村|镇|系|列|丛|书

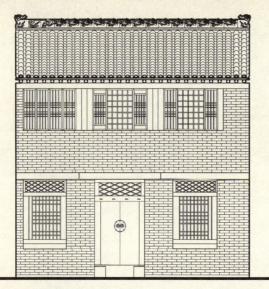

图2-83 徐家大院茂院西厢房立面图

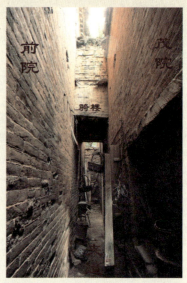

图2-85 徐家大院茂院与前院之间的夹道与骑楼

图2-84 徐家大院茂院南侧院墙上的后门

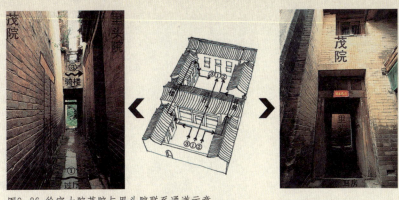

图2-86 徐家大院茂院与里头院联系通道示意

3.组合院落

位于徐家大院东北角的五座院落组成规模庞大的"凸"字形串院与跨院结合体：小东院为前院空间，北前院与北后院组成南北串院，而北后院又与两侧的东院、西院组成东西跨院（图2-87）。

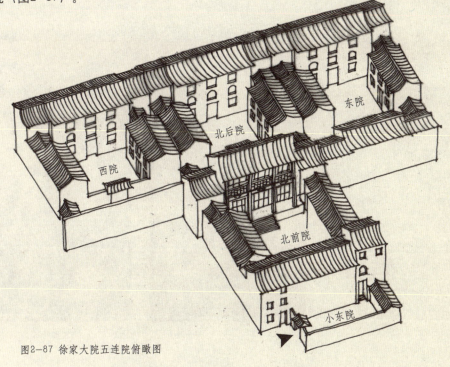

图2-87 徐家大院五连院俯瞰图

（1）小东院与北前院

①小东院

五连院位于主要巷道的东侧，徐家大院院落群东北角（图2-88）。为了避免大院入口开在风水最不佳的西南方向，增设了小东院作为前院，以利用院落空间改变入口的方位（图2-89）。小东院呈狭长状，由垂花门进入后正对一座单层小厢房作为对景，小厢房类似于现在的门房。小院中央及角落栽有绿植，郁郁葱葱，极富生活气息（图2-90、图2-91）。小院东北角便是北前院大门。由于地势的再次抬高，作为入口门楼的倒座耳房，外三层，内两层，门楼颇显气势，由此即可进入北前院（图2-92）。

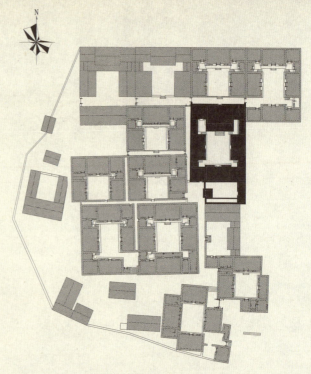

图2-88 徐家大院小东院与北前院位置示意

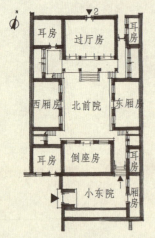

图2-89 徐家大院小东院与北前院平面图（注：1为北前院正门；2为北前院过厅房后门，通往北后院）

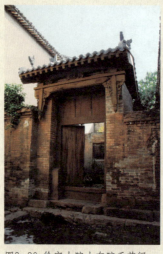

图2-90 徐家大院小东院垂花门

图2-91 徐家大院小东院内部景象

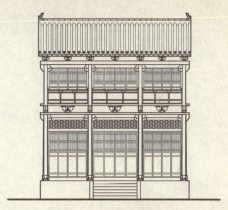

图2-92 徐家大院小东院东北角——北前院入口　　　　图2-94 徐家大院北前院正房立面图

②北前院

北前院由于建造年代较晚，又称"新院"，典型的清代风格，装饰精美。

北前院为标准的"四大八小"形制，正房坐落于五级台阶之上，远高于两侧厢房，颇显气势（图2-93、图2-94）。正房有外廊，柱头、梁头雕刻精美，首层为砂石柱，二层则为木柱，墙面全部采用木质门窗。每当收获的季节，檐下挂满晾晒的辣椒、玉米等，极富生活气息（图2-95）。

图2-95 徐家大院北前院院内景象及廊下空间

图2-93 徐家大院北前院正房

北前院与北后院采用"前厅后舍"的组合。正房也同茂院正房一样采用过厅的形式，是徐氏家族举行重要仪式的大厅。无论婚嫁丧娶、红白喜事，徐家都会召集亲朋好友在此聚会，并将正房的木质门扇及背墙上的木板门全部打开，成为贯通前后的半开放公共大厅，方便进出；活动结束后又重新关闭，只开启中间两扇大门，供主人起居。

除此以外，北前院正房最为特殊之处在于：当由西北角耳房处的石梯登上二层后，我们会发现右侧的正房耳房地坪与左侧的厢房地坪相差约有一人多高，远远大于其他院落中三级台阶的高差，以至于不设长梯根本无法进入正房耳房（图2-96）；其次，正房一层室内高度正常，而立面却显得异常高大。其中的蹊跷正藏于两层之间。原来，徐氏家族巧妙地利用正房五层台阶的高大基座和立面比例缩小了人们对于房屋的真实感受，外面看似只有两层的正房，中间还隐藏着一个高1.5米左右的夹层。夹层仅在楼板留地洞，由正房西耳房一层的室内活动木梯上下，其余时间将地洞封锁，木梯挪走，既隐蔽又安全。这个小小的夹层平日可以储存重要财物，关键时刻甚至可供人躲藏，以避免杀身之祸，巧妙实用（图2-97）。

同茂院与里头院相似，北前院与北后院的连接同样有三种形式，除了正房背墙上的门外，一处位于正房东耳房一层，占据一开间，作过道，开拱形门洞，缩小立面上与二层窗户之间的距离；另一处是正房西耳房二层背墙上开门通过骑楼到达北后院西厢房二层，而前后两院自然的地势高差正好弥补了北前院正房夹层的高度，使得两栋房屋二层得以持平（图2-98）。

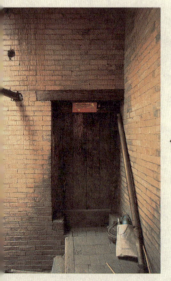

图2-96 徐家大院北前院西北角耳房二层两侧的高差示意

图2-97 徐家大院北前院正房剖面图

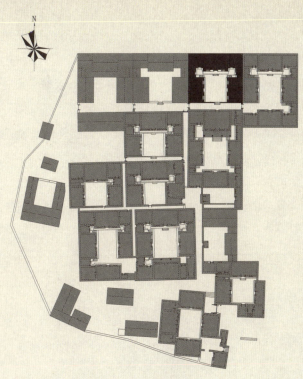

图2-99 徐家大院北后院位置示意图

图2-98 徐家大院北前院与北后院之间的联系通道

(2) 北后院

　　穿过北前院正房即进入二进院——北后院（图2-99）。北后院、东院、西院联排三个院落，占据徐家大院中地势最高的东北处，背后毗邻通城大路，因此三个院落的北侧房屋山墙紧贴而建，组成徐家大院的北侧壁垒，以确保大院内部足够安全（图2-100）。

　　北后院为三合院，正房及厢房均为三开间（图2-101）。正房的立面非常有意思，每层窗户的大小、形式都略有变化，为空间过于密闭的后院增添了一份活泼的气氛（图2-102）。三层耳房紧靠在正房两侧，占据着整个院落群的制高点，其作用类似于祝三多院的看楼，两侧厢房为普通的二层结构（图2-103）。院落中央的绿植、墙上金黄色的玉米、地上的青苔、头顶的蓝天，俨然一个幸福恬然的农家小院（图2-104）。

图2-100 徐家大院北后院与东院高大连续的正房背墙

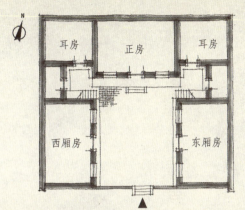

图2-101 徐家大院北后院平面图

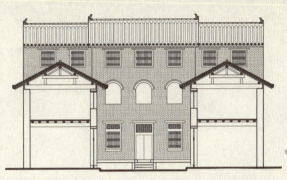

图2-103 徐家大院北后院正房剖立面图

图2-102 徐家大院北后院望向北前院正房

图2-104 徐家大院北后院正房

山|西|古|村|镇|系|列|丛|书

图2-105 徐家大院夹道通向东院的小门

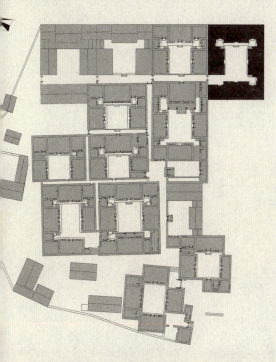
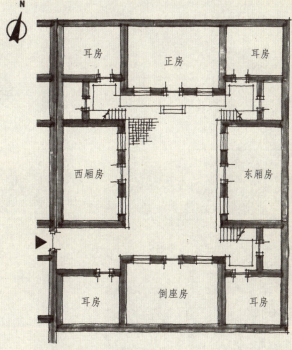

图2-106 徐家大院东院位置示意　　　　　图2-107 徐家大院东院平面图

(3) 东院与西院

　　北前院与北后院组成前后两进串院，串院中间的夹道又分别向东向西延伸，将北后院东西两侧的东院、西院共同联系起来，形成了一字排开的跨院，跨院之间仅在相交处立墙开拱形门洞以示分界（图2-105）。东院、西院作为北后院两侧的跨院，并没有自己独立的大门对外（仅有后门），从外面一般需要穿过北前院后进入夹道，再向东或向西进入东院或西院。

　　东院位于北后院东侧，形制基本相同，但是将夹道的宽度也加入院内，比例略显狭长，增设倒座形成四合院落（图2-106、图2-107、图2-108、图2-109）。西院与东院对称而建，现已损毁。

图2-108 徐家大院东院正房

图2-109 徐家大院东院内部

4.其他院落

上院是东沟村中除徐家大院以外最为精美、保存完好的一座院落。上院坐北面南，两进串院，最具特色的是它与众不同的倒座外立面。由于地势高差，倒座对外为三层，对内则为两层，内外高差由入口处的台阶解决（图2-110）。倒座西耳房与倒座平齐，东耳房室内地面高度介于院内外地坪之间，故房屋较高，突出为三层看楼。整个立面对外开窗，窗户位置因层高不同而错开，形式活泼（图2-111）。

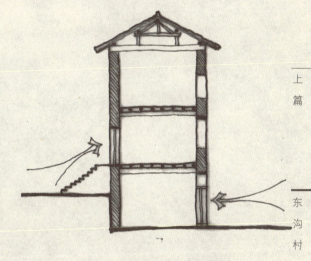

图2-110 上院院落内外高差示意

图2-1口 东沟村上院一进院倒座外立面

山 | 西 | 古 | 村 | 镇 | 系 | 列 | 丛 | 书

东沟古镇

　　一进院南北纵深较大，比例狭长，有利于正房及院落的采光。院内正中种有绿植，富于生活气息。四大主房为三开间，八大耳房为两开间，形制规整。正房坐落于五级台阶之上，暖黄色的墙面上镶嵌尺度适宜的深褐色门窗，立面显得端庄凝重（图2-112）。两侧厢房高度低于正房，开间也略小（图2-113）。

　　上院为"前厅后舍"的形式，穿过一进院正房或一进院东北角耳房处通道即为两进院落间的夹道，夹道中段院落轴线处设随墙门，由此登上三级台阶进入二进院（图2-114、图2-115）。上院二进院为方正的三合院，二层砖木结构，三开间，东厢房已毁（图2-116）。

图2-112 东沟村上院一进院正房

图2-113 东沟村上院一进院东厢房

图2-115 东沟村上院二进院入口

图2-114 东沟村前后两进院中间的夹道

图2-116 东沟村上院二进院内部

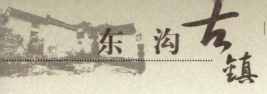

六、庙宇祠堂

东沟古村的公共建筑并不多，主要是庙宇和祠堂，散布于徐家大院周围。如位于徐家大院北侧的徐氏祠堂，东侧的白龙王庙与祥佛寺，以及立于西侧水口的文昌阁。其中白龙王庙与祥佛寺经过多次修缮而保存完好，祠堂、文昌阁已经受到不同程度的损毁。

1.徐氏祠堂

对于血缘聚落来说，祠堂作为家族的象征，是必不可少的礼制建筑，它是维系血缘关系的纽带，更是增强家族凝聚力的重要聚集场所。徐氏家谱中有地契《置买创修祠堂永契录后》，对祠堂有如下记载：

立让业正死契。文字人徐丁氏，同子吹打，因一时不便，今将自己祖遗上头院中院、屋圪良房三间、东北角屋圪良房两间，基址至数：东至根基外，西至根基外及后院碾道路，南至院心，北至后院院□，文至徐小维后院东房山趣……情愿卖死，契大王会名下为死业，当日同中受过死价大钱一百仟文整，即日钱业两清……恐口不凭，立让业壹纸为证。

根据世系图可推断，徐氏祠堂大概修建于民国时期，年代较晚，所处基地乃族人徐吹打及其母亲丁氏 "因一时不便"将地基转卖与族中大王会。为何历史悠久的徐氏家族，直至民国初年才有了由民宅改建而成的祠堂，具体原因已无法考究了。

徐氏祠堂位于徐家大院建筑群落的东北方位，沿着徐家大院外围的坡路而上便可到达。祠堂地势高高在上，向南可俯瞰徐家大院，可见当时徐氏家族择买地基创修祠堂也是花费一番心思的，重在突出祠堂在宗族中至高无上的地位。

祠堂坐北朝南，面向徐家大院。西侧有一照壁正对东方，照壁所在墙体中间高，两侧低，形状有些类似于南方的马头墙（图2-117）。正门为随墙式独立门，无过多装饰，只有屋脊与徐家大院有相似之处，雕刻莲荷，两侧翘起吻兽。正门内还设有第二道屏门[1]，上方走马板正面刻有"徐氏宗祠"几个大字，背面则是"继续不忘"，体现了祠堂建筑的主题（图2-118、图2-119）。

---

[1] 屏门一般位于大门和垂花门的后檐柱间，在门扇木框内镶嵌四扇或更多扇数木板门，拼成一道可开启的屏壁，可起到屏风的作用。屏门只在贵宾来临或重要日子时打开，平日则由门前两侧绕行。

图2-117 徐氏祠堂入口处照壁与正门

图2-118 徐氏祠堂大门及屏门

a 正面

b 背面

图2-119 徐氏祠堂仪门题字

图2-120 徐氏祠堂正房

|山|西|古|村|镇|系|列|丛|书|

　　祠堂是小型的三合院，内部幽静雅致，正房与厢房都只有一层高，体量较小，亲切宜人。正房面阔三间，略高于两侧厢房，屋前带有外廊，左右两侧廊柱为砂石柱，中间为木柱，立于精雕石柱础之上。两侧柱间穿插额枋，额枋下有挂落及雀替，以莲荷等花纹装饰，中间额枋早已脱落。正房毁坏严重，现仅存正墙及门窗（图2-120）。正房后有一

图2-121 祠堂后老紫檀树

株老紫檀树。中国人历来认为紫色为祥瑞之色，故紫檀木历来被帝王将相、文人雅士所珍爱，有"王者之木"（图2-121）。植一株紫檀在祠堂后面，希望以树庇佑家族。东侧厢房三开间，西侧厢房则为两座两开间厢房相邻而建。

2. 白龙王庙与祥佛寺

白龙王庙与祥佛寺并肩而立，位于东沟村的东侧，紧邻徐家大院，庙内有多间神殿，是村内最重要的祭拜场所。白龙王庙属道教寺庙，而祥佛寺为佛教寺庙（图2-122、图2-123）。

(1) 白龙王庙

白龙王庙位于东沟村东侧，与徐家大院属同一时期建筑，创建于明万历年间。庙院规模不大，是规整的一进式院落，沿中轴从南面起线依次为照壁、山门、拜殿、正殿，左右配殿厢房数十间。古往今来，白龙王庙香火都很旺盛，每逢祭拜之日，全村老小便会齐聚于此，祈福纳寿。家谱中《重修庙宇创建拜殿碑记》载："夫吾村，立伊山之西，入阳阿中流，居民凡百余家，而春祈秋报，则在村中之白龙王庙，其由来久矣。"[1]春祈秋报，是指每年农耕的两次重大的祭祀活动，分春秋两季祭祀土神，春耕时祈祷风调雨顺，秋季报答神功。

图2-122 白龙王庙与祥佛寺外立面

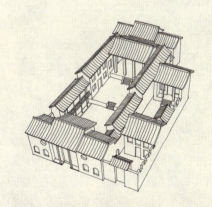

图2-123 白龙王庙与祥佛寺鸟瞰图

---

[1] 白龙王庙中引用文字全部出自《重修庙宇创建拜殿碑记》，详见附录一。

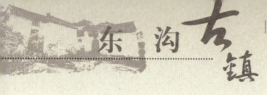
山｜西｜古｜村｜镇｜系｜列｜丛｜书

东沟古镇

　　白龙王庙建立之初仅是一座低矮的小庙，经过多次修缮与扩充，逐渐形成今日的规模。据《重修庙宇创建拜殿碑记》载，白龙王庙于清雍正十二年（1734年）重修，这次重修是在原址上重建，确立了庙宇的基本形制规模，并延续至今。此后的几次维修都是只做局部调整，如同治九年（1870年）将"下庙之舞楼括充数丈"，同时"东西各增看楼禅房上下六间"。又于光绪十六年（1890年）后"将舞楼之脊拆去，改作卷棚"；宣统三年（1911年）徐公琦圊等人"又将照壁外退数丈，并增修左右配壁"。直至民国时期，庙宇损毁已经很严重，墙垣坍塌，雕饰破损，其形"不足以壮观瞻"，更"不足以妥神明"，故社首徐公阳等人，决定将庙宇重新修缮，仅"一年而工程告竣"，最终正殿"高加数尺外展数丈"，又将各殿"加以丹青"，最终庙宇"璨然改观"。这些不但归功于工人"日夜竭诚"的努力工作，也更与捐资者的慷慨相助密切相关，故有《重修本村白龙庙捐资录簿序》以感激捐资者。凝结了几代人的智慧与汗水，白龙王庙才有了今日的规模，现在建筑装饰及外墙多为近年翻新，但是整体沿袭了雍正年间规模形制。

　　白龙王庙依地势而建，北高南低，依高差分为上下两院。上院有正殿、拜殿，两侧有厢房。拜殿位于正殿前，与之紧紧相连。拜殿为歇山顶，四角轻盈翘起，玲珑精巧，于下

图2-124 白龙王庙拜殿向外望

院仰视拜殿,觉得其威严高大。殿宇四面开敞,光线充足,视野开阔,村中大小祭祀等活动均在这里进行(图2-124)。下院主要建筑是倒座与两侧的看楼。倒座为两层,上层为戏台,下部是山门,与拜殿相对,两者高度基本相同,同为歇山顶,建筑形体挺拔向上。上下院以5级石阶相连,石阶两侧台基壁上各有一龙头,其下分别有口水井,龙头吐水,水入井中,据说此水自古至今都是山泉水。龙头之水从未干涸,这也是风调雨顺、大吉大利的最好预兆。

白龙王庙舞楼两侧的耳房中各有一部楼梯通向看楼与舞楼的二层,楼梯下部的院墙对称开了两座形制相同的拱门。东侧拱门与祥佛寺前院相连,西侧拱门则已被封住,但是其形状仍可观,因此形成了白龙王庙与东侧祥佛寺的组合形式。中国古代的建造理论讲究对称,如风水学中认为,建筑平面的方正、体形的均衡对称以及环境格局的完备等,都是吉利的象征,反之则认为是凶煞的兆头。根据其现状形式以及风水理论常理推测,建造者原本应是想在白龙王庙两侧对称建设两座偏庙,以彰显白龙庙的主体地位,但是不知是何因,西侧的庙宇没有建起,只有东侧祥佛寺与白龙王庙共历风雨,而西侧只有一扇尘封多年的小门,留给后人无尽的猜测。

庙前有徐庄水自东岭流下,经白龙王庙前的照壁流向村西南。此水在庙前原本为一条明渠,但后来由于修路抬高了路基,山泉便成为了暗渠,原山门前的5级石阶,也只剩下2级。

(2) 祥佛寺

祥佛寺是白龙王庙东侧的一座偏庙,两进院落。第一进院落面积很小,郁郁葱葱,院中仅有两条小路,其余全被灌木丛覆盖。正对大门的为两层建筑的南楼,上层供奉观音菩萨,下层是过厅。二层北面背墙上开门,与二进院的正殿和看楼共同围合形成了二进院落空间。

穿过南楼,便是祥佛寺的第二进院,正对面是主殿祥佛殿,供奉释迦牟尼佛祖,也就是民间所称的"如来佛"(图2-126)。第二进院依地势而建,分为上下院,通过七级石阶相连。下院西侧为四季常青的竹围;东侧配殿为一座二层建筑,底层为地藏殿供奉地藏菩萨,是主管地狱之神;二层为连廊形式,与

图2-125 祥佛寺正殿

山｜西｜古｜村｜镇｜系｜列｜丛｜书

南楼相连，并可通向白龙王庙的看楼。第二进院空间不大，却是布局考究，十分精巧。例如东侧配殿二层，便巧妙地利用了上下院的高差，使人们必须先从下院踏上7级石阶到达上院，向右转180度，再登上8级的木梯便可到达。有效地利用了空间，增加了趣味性（图2-127）。

祥佛寺同白龙王庙相比少了几分雄伟之气，却多了几许秀美。没有直入主题的直爽，却多了几分曲径通幽。又有古树竹圃相映成趣，如园林般幽静惬意（图2-128）。祥佛寺虽然是白龙王庙的偏庙，但是二者风格迥异，各有所长，相互呼应。

祥佛寺经历过多次修缮，大部分都已经翻新，只有石雕、石柱、石阶是原物。

图2-127 祥佛寺二进院中的古柏

图2-126 祥佛寺第二进院落

3. 文昌阁

文昌阁所在位置是东沟村的水口。古人将水视为财富与福气，河水出村势必会带走运气，故水出村之处设庙宇以锁住关口、聚集生气。文昌阁原为一进院落，坐西面东，垂直横跨在水流之上。河水在此修为暗渠。文昌阁的正殿下特意修建了一个拱洞，其上刻有"凝紫气"三字，正表明了修建文昌阁的用意，就是要将风水留在村中，以保佑村民人丁兴旺，幸福安康，财源不断。

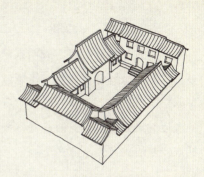

图2-129 文昌阁复原鸟瞰图

文昌阁现已大部分损毁，仅剩正殿与南侧的一间偏殿（图2-129）。据徐江河老人回忆[1]，正殿在院落的西侧，其两侧均为三开间的偏殿。与其相对的是东面五开间的看楼，而舞楼位于院落的北面，院落的正门在二层舞楼的底层（图2-130）。文昌阁原有一通石碑，现已无存。

图2-128 文昌阁

---

1 徐江河为徐氏家族第十六代人。

七、装饰艺术

东沟古村的建筑装饰以明末清初时期居多，但类型丰富，涵盖了木雕、砖雕、石雕等多种形式，装饰题材广泛，寓意深刻，既有祈福纳吉的含义，又有道德教化的功能。其装饰风格简约大方，生动朴实，广泛应用于铺首、门枕石、墀头、窗扇、柱础、照壁等，其中尤以徐家大院的建筑装饰最具代表性、保存较好。下面我们主要以徐家大院为例，来介绍东沟村的建筑装饰艺术。

1. 铺首

铺首俗称"门环"，一般位于门板的中上部，是兼有叩门和开关大门双重功能，其形式多样，多用铁制，坚固耐用，既有很高的实用价值，又有一定的艺术价值和美学价值。东沟村的铺首形式虽丰富多样，但风格多简单大方。保存下来的铺首底座一般是一分为二的圆形铁片，上面刻有各式花纹，沿上下、左右中轴线对称。底座上的花纹图案常用的有古钱纹、"万"字和"寿"字纹等，其中古钱纹应用最为广泛。圆的周边多做一些修饰，如如意饰边，或沿圆周固定一圈门钉，或花瓣形，或在圆的周边雕刻一些古钱币或吉祥图案、符号等。衔环大多呈"U"形。如东沟村某大院的铺首，底座呈圆形，圆的周边为多边圆弧形，底座上面有四枚古钱纹，整幅图案上下、左右对称，风格粗犷大方（图2-130）。

徐家大院前院东厢房的铺首形式别具一格，底座呈圆形，圆的右上方又有一个小的圆形铁叶，两圆的周边均做了一些修饰，增加了几分秀美的气质（图2-131）。

徐家大院前院正房的铺首则是圆形底座，圆的周边以如意饰边形式出现，在圆周内钉了一圈门钉作为修饰。虽形式较为简单，但却富有一种典雅大方气质，寄托了美好希望（图2-132）。

徐家大院上院正房、徐家大院影壁院厢房、影壁院正房的铺首也采用了最为普遍的圆底座。其中上院正房、影壁院正房的铺首采用的是古钱纹的纹样，影壁院厢房的铺首采用的是万字纹装饰（图2-133～图2-135）。徐家大院中院大门的铺首也是圆底座，圆的周边为万字与祥云交替的图案，右上方还有一个小圆（图2-136）。这些圆反映出主人

图2-130 东沟村某大院铺首

图2-131 徐家大院前院东厢房铺首

图2-132 徐家大院前院正房铺首

图2-133 徐家大院上院正房铺首

图2-134 徐家大院影壁院厢房铺首

图2-135 徐家大院影壁院正房铺首

图2-136 徐家大院中院大门铺首[1]

图2-137 徐家大院前院大门铺首

---

1 徐家大院中院现称徐家大院祝三多院。

希望生活圆圆满满、家庭和睦团圆的美好愿望，古钱纹则反映了主人对生活殷实富裕的美好希望。

东沟村大多数的铺首位置、形式较为固定，但也有少数的一些铺首较为独特，如徐家大院前院的大门铺首，位于大门底部，底座是不规则的半圆形，并采用圆形衔环。（图2-137）

2. 门枕石

门枕石是位于大门两侧立框内外的建筑构件，不仅有安装大门、固定门框、门柱的作用，还有重要的装饰作用。门枕石一般分为两种，圆鼓子（又称抱鼓石）与幞头鼓子（又称方鼓子）。抱鼓石上部为圆形鼓面部分，下面是方形基座，民间也称其为石鼓、门鼓、圆鼓子、石镙鼓、石镜等等。幞头鼓子，一般略小于圆鼓子，形式也较简洁，或为矩形的一块石头，或是其上再雕刻生动俏皮的石狮等。

东沟村保存下来的门枕石数量不多，集中分布在徐家大院。这些门枕石形态各异，雕刻精美，有很多是石雕中的精品。如徐家大院茂院门口有一对圆鼓子[1]，鼓面上雕刻的是梅花与绶带鸟，有"举案齐眉"之意，表达了希望夫妻互敬互爱、健康长寿的美好寓意。鼓石上面分别还卧有一只顽皮的小石狮。狮子有辟邪镇宅的作用（图2-138）。此外，因为"狮"与"事"谐音，两只小石狮还寓意"好事成双"、"事事如意"。

徐家大院下院的这一对方鼓子门枕石较为简单。下面是一个矩形石墩，正面雕刻有一只玲珑俏皮的小兔子，正抬头仰望着天空，似在翘首期盼未来。石墩上面趴着一头憨态可掬的小石狮（图2-139）。

徐家大院老大门处一对保存较为完整的方鼓子，其雕刻工艺精湛，手法细腻，线条流畅。两个方鼓子均为较高的矩形石柱，皆以花鸟为雕刻题材，但内容却各不相同，大门南侧的方鼓子，正面的上部雕有两朵娇艳欲滴的莲花和两只嬉笑对话的喜鹊，仅能隐约看到一朵盛开的菊花（图2-140a）；内侧面的上部雕有一只锦鸡傲然立于朵朵盛放的菊花丛中，下部则是一幅喜鹊牡丹图。莲花，出淤泥而不染。菊花，与"梅、兰、竹"齐名为花中"四君子"，历来是品质高洁的象征。不仅如此，民间还有菊花隐忍、知足常乐的说

---

[1] 徐家大院茂院现被称作徐家大院中院。

图2-138 徐家大院茂院门枕石

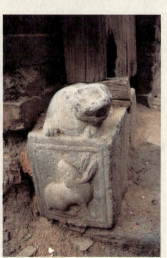

图2-139 徐家大院下院门枕石

法，故菊花锦鸡寓意锦衣知足，以此警示族人要知足常乐（图2-140b）。大门北侧的方鼓子，正面的上部也是菊花锦鸡图，下部是锦鸡荷花图，寓意挥金护邻（图2-140c）；内侧面的上部是喜鹊登梅图，图中两只喜鹊相互对望，仿佛在传递捷报，寓意吉祥喜庆，喜事临门，下部是一只玲珑可爱的兔子正在咀嚼菊花的叶子。

a. 南侧方鼓子正面　b. 南侧方鼓子内侧　c. 北侧方鼓子正面　d. 北侧方鼓子内侧

图2-140 徐家十八院落入口处的方鼓子

四幅图的周边都以祥云作为点缀，寓意吉祥如意，为族人祈福纳吉（图2-140d）。

徐家大院上院门前有一对保存完整、形制简洁的方鼓子，进深与宽度大致相同，高约2尺，分为上下两段，上部约占全高的2/3，外露面皆雕刻规整的龟背状六边形图样，有长寿之意；下部约占1/3，为须弥座（图2-141）。

3. 墀头

墀头是硬山顶房屋山墙突出两端檐柱以外的部分，是建筑的一个承重组件，并有很强的装饰作用，极大地丰富了建筑的外立面。墀头一般分为上中下三部分，中间部分是主体，雕刻最为精美，常以动植物或是各种吉祥物为主题。墀头上端多以雕刻简单的倾斜檐覆盖，下端则以精美雕刻的须弥座收尾。东沟村的墀头数量不多，集中分布在白龙王庙与徐家大院中。

白龙王庙的墀头都是比较典型的三段式。东厢房南侧的墀头，主体部分是锦鸡牡丹图，寓意锦绣富贵；上端是祥云檐顶，寓意如意顺心；下端是须弥座（图2-142a）。西厢

图2-141 东沟村上院方鼓子

房南侧的墀头，中间部分是鹿与梅花，小鹿玲珑活泼，梅花构图得当，上有菊花做框，下有铜钱镶边，寓意路路畅通（图2-142b）。

徐家大院前院倒座的外墙上共有三个形制相同的墀头，亦为标准的三段式，中间部分高度较大，分成两段。外墙东侧的墀头，主体的上半部分是一匹回首远

a 东厢房南侧　　b 西厢房南侧

图2-142 白龙王庙厢房墀头

眺的骏马，扭头回视，前蹄凌空跃起，生动形象，四周祥云环绕，表现出天马行空、志在千里的气势，寓意事业蒸蒸日上。马自古以来就是人们钟爱的吉祥动物，被誉为降福避灾的神兽，人类忠实的伙伴。主体的下半部分是两只蝙蝠衔着一个"寿"字，蝠通"福"，表达了主人希望多福多寿的美好愿望。这处墀头雕刻刀法娴熟，线条流畅，简洁精美（图2-143a）。外墙西侧的墀头，主体的上半部分是梅花与鹿，下半部分是蝙蝠衔"寿"图，鹿、蝙蝠、"寿"共同构成了一副福禄寿图，表达了主人希望福寿安康、高官厚禄的美好愿望。以"福禄寿"为寓意的吉祥图案在民居装饰中较为普遍（图2-143b）。

a 东侧墀头　　　　　　　　　　b 西侧墀头

图2-143 徐家大院前院倒座墀头

除了典型的三段式墀头，徐家大院内还有一些其他形式的墀头装饰。如前院西厢房的南墙上就有一个寿字墀头，墀头上没有祥云盖顶，也没有须弥座的衬托，仅有一个大大的寿字，直白而充分地表达了主人对于长寿的期盼（图2-144）。

4. 门窗隔扇

《说文解字》中称"在墙曰牖，在屋曰囱，象形，凡囱之属皆从囱"[1]。在古代，牖指的是墙上的开口、洞，而囱指屋面上的洞、天窗或者烟囱，通古代的窗。而今日，无论是

---

[1] 引自许慎（东汉）撰《说文解字》。《说文解字》是我国第一部以部首编排的字典。

墙面上的还是屋顶上的,我们都统称为窗。可知我们今日所说的墙面上的窗在古代被称为"牖",而屋顶上的窗在古代被称为"囱"或"窗"。

在深邃幽静的宅院里,窗户的作用相当重要,不仅有通风采光的作用,还起着调节院内氛围的作用,因此常被作为装饰的重点。窗棂是构成窗扇花纹的木条,棂条不仅是固定窗户纸的骨架,还具有丰富的装饰效果。工匠们常常通过改变棂条的组合构成,创造出多种多样、各具特色的窗扇图案,以达到美化和装饰墙面的效果,并借此寄托主人内心的美好愿望。东沟村的窗棂相对简单,主要以正方格、斜方格等简单的窗棂形式为主。除此以外,也有很多别具特色、寓意丰富的窗棂式样(图2-145~图2-150)。

图2-144 徐家大院前院西厢房南墙墀头

图2-145 徐家大院后院门窗　　图2-146 徐家大院前院倒座门窗隔扇　　图2-147 徐家大院影壁院门窗隔扇

 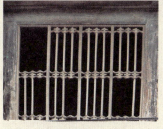 

图2-148 徐家大院茂院正房的窗扇　　图2-149 东沟村某院一窗扇　　图2-150 东沟村某院二窗扇

5. 柱础

中国古建筑多以木柱作为竖向支撑结构，然而最早的木柱是埋于地下的，为了防止建筑下沉，故在木柱下放置了石块，这就是柱础石的最初形态。后来，考虑到木柱在泥土中易被湿腐与虫蚀，便将地下的结构全部提升到地面上来，并一直沿用至今，就形成了我们今日所见到的柱础结构。柱础已逐渐成为柱子的一个重要组成部分，是柱子的基本构件。即使在砂石柱底部，亦能看到柱础的影子。在《营造法式》[1]中对于柱础的做法亦有详细规定："其方倍柱之径，方一尺四寸以下者，每方一尺厚八寸，方三尺以上者厚减方之半，方四尺以上者，以厚三尺为率。"

东沟村现存的柱础并不多，但形式多样，有六面台形柱础、方形须弥座柱础、瓶形柱础等（图2-151～图2-154）。有些柱础早已不再使用，而是被遗留在院中的某个角落，作为历史的见证，或被当作了石凳，或成了"石墩花架"。

图2-151 六面台形柱础

图2-152 白龙王庙拜殿柱础

图2-153 徐氏祠堂中须弥座上的鼓形柱础

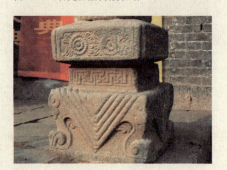

图2-154 白龙王庙山门前柱础

---

1 李诫（字明仲，1035~1110年）主编北宋《营造法式》。《营造法式》是一部关于建筑设计施工的规范书，是历史上第一部最完善的建筑技术书籍，但多用于官方房屋营建工程。

图2-155 雕有龙纹的方形须弥座柱础

东沟村的大部分柱础花纹样式朴素大方,简洁明快,但也不乏精雕细刻之作。如一尊搁置在某大院中的雕有龙纹的方形须弥座柱础,其四面各有一条高浮雕的幼龙,向外探着脑袋,似正浮于空中向下俯瞰人间百态,又似在好奇地探索着外面未知的世界,充满了初涉世间的无知与恐惧;方形柱础上面四角,各有一个探出的龙头,双目圆瞪,龇牙咧嘴,表情凶悍,似在保护下面的幼龙不受侵犯。该柱础雕刻技艺精湛,龙的形象生动逼真(图2-155)。

6. 照壁

照壁是我国特有的一种经典的传统建筑形式,常独立设置于院门内外,或是嵌于院中房屋的山墙上。独立照壁可以遮蔽视线,保持院内的私密性,丰富空间层次,增加神秘感，同时还可以挡风，在民间还有用照壁遮挡晦气的说法。

东沟村的照壁并不多见，仅有三处保存较为完整，分别为白龙王庙前的照壁、徐家大院照壁以及茂院内的照壁。

白龙庙的山门外有一座八字形照壁。此照壁修建之初仅为一座悬山式一字照壁，在宣统三年（1911年）重修白龙王庙拜殿时，将照壁向南移了数丈，并且"增修左右配壁"[1]，形成了今日的八字形照壁（图2-156）。配壁比中间的一字照壁低约半米，壁心为菱形硬心。一字照壁的中心为"龙王吐水"图，"水"自龙嘴喷出，汇入其下方的山泉；壁心的四角为四幅龙腾图（图2-157）。

图2-156 白龙王庙照壁

---

1 见本书附录一《重修庙宇创建拜殿碑记》。

图2-157 白龙王庙照壁细部

茂院照壁为镶嵌于前院正房后墙面上的坐山照壁，正对茂院的正房。照壁自身并没有单独的出檐，而是以其所在墙面的房屋出檐替代，墙檐下是五攒如意斗栱（图2-158、图2-159）。壁心的周边由六边形龟背砖铺砌而成，寓意长寿；壁心的中心是一匹奔腾于祥云间的骏马；壁心的四角分别雕有不同的神兽（图2-160）。

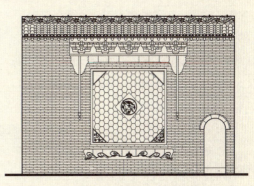

图2-158 徐家大院茂院中的坐山照壁立面图

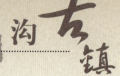

山|西|古|村|镇|系|列|丛|书

图2-159 徐家大院茂院中的坐山照壁

图2-160 徐家大院茂院中的坐山照壁细部

八、民俗文化

　　民俗文化是指各种以非物质形态存在的,与群众生活密切相关、世代相承的传统文化表现形式,包括民间手工技艺、生产商贸习俗、消费习俗、民间文学、民间美术、民间音乐、民间舞蹈、戏曲、曲艺、民间杂技、人生礼俗、岁时节令、民间传统知识、传统体育竞技等(图2-161~图2-163)。东沟村有非常丰富的民俗文化,如铁器工艺、面食工艺等。下文以花馍为例,介绍东沟村的民俗文化。

　　花馍是沁河流域一带广为流传的一种特色面食,满月礼、寿庆、婚典以及丧事、献奠祖先等活动,都离不开花馍。随着人们生活水平的提高,生活习俗的改变,现在东沟村的

图2-161　丰收季节时的院落

图2-162　村民午后在阳光下休息

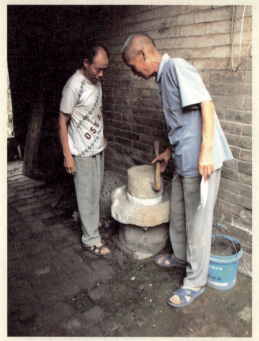

图2-163 村民在磨制豆腐

图2-164 正在制作花馍的手艺人徐常叶

花馍主要是用于丧礼及开锁等传统活动中。我们到东沟村花馍手艺人徐常叶老人家拜访时[1]，有幸目睹了制作花馍的全过程（图2-164）。

花馍的主要原料是白面，常用豆子、红枣等作辅料。制作过程分为四步：捏形、雕刻、蒸馍、上色。捏形，是用和好的白面以"切、揉、捏、揪、挑、压、搓、拨、按"等手法制作瓜果蔬菜、花鸟鱼虫以及一些小动物形象。雕刻，是用各种形状的工具或剪刀将捏好的白面雏形精雕细琢，深入刻画。蒸馍，即将花馍蒸熟定型，过程中需掌握好火候与时间。上色，为出笼的花馍趁热上色，多使用各种鲜艳的食用色素，绘制成各种色彩的图案（图2-165～图2-167）。

当精美的成品一件件呈现在眼前时，惊叹赞美之情自然流露于心，然而这种传统的制作工艺面临无人继承的境况，令人担忧。如何将中国优秀的传统工艺发扬传承，是我们应该予以重视并认真思考的问题。

---

[1] 徐常叶，1947年生，祖籍山西。

图2-165 制作花馍的动物图案

山｜西｜古｜村｜镇｜系｜列｜丛｜书

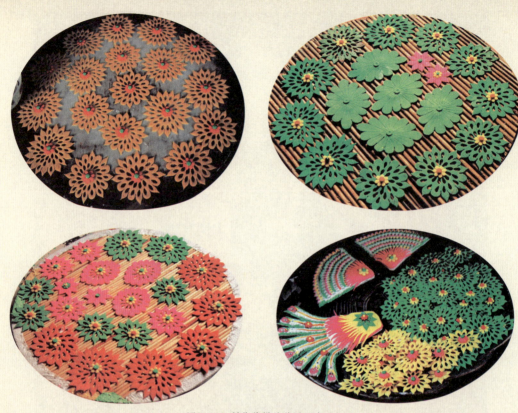

图2-166 制作花馍的花瓣图案

图2-167 花馍

【下篇】

徐庄镇
XUZHUANGZHEN

山｜西｜古｜村｜镇｜系｜列｜丛｜书

在民国12年（1933年）最后一次修缮的徐氏家谱中，附有徐庄镇平面图，其有完整的街道、沿街店铺及庙宇建筑，集镇四周还修筑了为保护商业建筑而设的堡墙及堡门等。从现存遗留的空间格局来看，当时徐庄镇已然成为集贸易活动、休闲娱乐于一体的成熟商业聚落。徐庄镇创立于清初，兴盛百年，但是同众多民族商业一样无法摆脱清末的颓败，直至民国及解放初期才又再次昌盛。

一、市镇经济

东沟村作为东沟古镇中的居住聚落，与普通村镇无异，但作为商业聚落的徐庄镇却是东沟古镇最重要的性格体现。

自清代以来，徐庄镇便是晋东南地区重要的物资集散地之一，距今已有几百年历史。东沟古镇素有"四十里长河一码头"的美誉，每逢赶集之日，周边大小村落及毗邻县城（如沁水、阳城）等地的粮食、山货等都会在此交易。另外，东沟丰富的煤铁资源与发达的传统手工业吸引了大量的毗邻省份（如陕西、河南）商客纷至沓来。他们将其带来的粮食、布匹、烟丝等货品卸下出售后，换得大量的东沟铁货，并将其源源不断地销往外地谋取利益，而东沟本地的手工业者也常常在农闲之时游走外地做铁货及相关小生意。久而久之，徐庄镇的商业影响不再局限于本地及周边，而早已由技艺精湛的东沟手工业者传播至河南、陕西、内蒙古、甘肃、青海等地。这样繁荣的状况一直持续到解放后新的大东沟镇及其商业中心的建立。

然而，徐庄镇具有一定的特殊性，即商业聚落与居住聚落的割裂发展，即商镇集市独立于村落之外。这与普通商镇中商业依托于村落而生的模式不同，导致了分工明确、布局完整的徐庄镇与东沟村两个部分。

徐庄镇成为贸易活动的载体，而古镇的繁荣昌盛从此也与徐庄镇的商业变迁休戚相关。历史证明，经受百年风雨洗礼的

图3-1 依然繁华的东沟古镇

徐庄镇为东沟古镇作出了巨大贡献，更有了"阳阿四十里福造联邦"[1]的巨大成就。如今的大东沟镇依旧一派繁华，延续着其区域贸易中心的地位，但是传统的商业及老宅却难以抵挡时代的冲击而不断流逝。正因如此，老镇的传统商业与传统建筑群也愈发显得弥足珍贵（图3-1）。

徐庄镇由起初的几间商铺，发展成为规模庞大、体系完整的市镇，可以概括为三个阶段：市镇的创立，商业的发展，市镇经济的成熟。

1. 市镇的创立——投资创市

(1) 建镇原因

徐庄镇，顾名思义，是典型的以家族姓氏命名的集镇，因此其形成过程必定与徐氏家族有着密切的联系。考之家谱，记载如下：

后又经载祖父讳敦仁，见我先祖遗地甚多，遂将此种资本收回，在寨之西建庙宇置市廛，请行抬商，名曰徐庄镇。又在古阳阿河边，建大王神，西角殿三间，以集市当大河之冲，故祀之，以求神人阿护。每岁陆月二十四日，徐姓入庙，合族敬献神圣。[2]

这段记载没有时间标注，但是根据家谱地契中有关三世徐敦仁、五世徐绍远的记载[3]，可知徐庄镇的建镇时间应为顺治末年至康熙十二年之间。徐庄镇的建立过程明确：徐氏家族第三世徐敦仁，首次将祖先遗留用作耕地的土地资本全部收回，并在其上建造庙宇及集市，招商引资，吸引周围商家前来开设店面并且交纳租金，立名为徐庄镇。这段话中有两个重点，即"建庙宇置市廛"与"请行抬商"。

"建庙宇置市廛"。徐庄镇建立之初，包括庙宇与集市两部分，这种现象并非偶然，而是中国古代传统市镇创立的一种普遍形式，合称"庙市"。这种庙市通常将庙宇建立在集市街道的尽头或者中轴线上等重要位置，以示古人对于精神崇拜的重视。庙市的历史

---

1 见本书附录二《徐氏家谱》中《上敏斋公挽联 世弟苗培贞题》。
2 注：市廛——集市。古阳阿河——今长河。
3 见本书附录二家谱中《族中修造关帝庙永契列后》、《族中置买舞楼地址永契录后》。

山│西│古│村│镇│系│列│丛│书

其实由来已久,我们常常耳熟能详的"庙会"便出自于此[1]。由于其形式丰富多彩,热闹非凡,商业活动也充满活力,因此许多地方仍旧沿用至今。庙市中的庙宇种类各地有所不同,关帝庙自古就与晋商有着千丝万缕的联系[2]。主要原因是关帝乃山西河东人士,"义薄云天"、"义利分明",同时还是"武财神"的化身。有意思的是,后期商业发展成熟,这些关帝庙多还具有会馆的作用[3]。徐庄镇的关帝庙虽然没有发展至大规模的会馆,但是由后来的家谱记载可知,它也是徐氏族人商议各种商业事宜的聚集之所,非常类似于会馆的作用。

集市,时刻有被大水冲击的危险,风水不佳。在当时人力物力不发达的情况下,古人为了防止大河发水危及生命财产,便采用最原始古朴的办法求助于神灵。因此,在徐庄镇的最北侧,也就是长河流来的方向,专门建立一座大王神庙。族人每逢六月二十四日在此祭祀祷告,以祈求神人佑护,避大水之灾。这种具有特定目的而修筑的庙宇在中国古代甚为常见,多是代表了一种美好的愿望。

由此可见,徐庄镇在建镇之初实际上已经形成了庙宇加集市的商业集镇模式。现在大王庙由于多年冲刷已毁,只有关帝庙还完好保存。

"请行抬高"。徐庄镇虽然是以徐氏家族命名的集镇,但并不是完全将市镇用作自家

图3-2 传统集镇集市空间的形成[4]

---

[1] 庙会基于市庙建筑中的"庙"而存在,通常在庙中举行祭祀神灵、祖先等活动时,邻里四乡的村人纷至沓来聚集于此,而商家正是看好其中的大量商机,在活动中摆设摊点积极贸易。庙会发展到后来,具有浓重的商业气息。当然,发达的庙会现象不仅存在于晋东南地区,更是遍布全国各地,只是不同区域间具有不同的地方特色及风俗习惯。庙会的经济推动作用为乡村市镇经济锦上添花。
[2] 全汉升.中国庙市之史的考察.食货.1934年1卷2期.
[3] 会馆一般是同乡商人在外地用于联络乡谊、聚会议事、互利合作、维护同乡同行利益、管理市场秩序、安排商界往来事务、协调处理各商号之间的纷争协议、主办庙会等的处所。例如南京的山西会馆、洛阳泽潞会馆等都是由原关帝庙改建而成,即便是后来新建的会馆,如安徽亳州的山陕会馆、聊城山陕会馆等则因正殿供奉有关老爷,在当地又都俗称为"关帝庙"。
[4] 引自:朱向东等著.晋商民居.北京:中国建筑工业出版社,2009年。

做生意，更多的是将商铺作为固定资产吸引并且出租给众多商户（包括本族族人与外乡人）。这种先市镇后商业的创市过程与"人烟凑集之处谓之市镇"的先商业后市镇的创市模式不尽相同。传统商业场所的形成一般经历三个阶段：自由贸易为主，自由贸易与固定贸易相结合、固定贸易为主，最终形成集镇空间（图3-2）。

作为徐庄镇地主的徐氏家族建造商铺出租给商户，有些类似于现代社会中的房地产开发及招商。这种市镇形成方式不能不说是古代社会中比较独特的一支。有意思的是，同样的家族商业投资行为历史上并不在少数，而在市镇商业发展繁荣的江南各地尤为常见。如康熙《常熟县志》中所记载："锡尖市在感化乡，旧传有锡姓置易于此。奚浦市在南沙乡，正杭简，居民钱氏所创，赘石为通衢，近江可通商舶。徐家市在南沙乡，徐氏所聚。唐市在双凤乡，唐氏所聚居。李市，居民李氏所建。何家市，何氏世居其他。归家市，归氏所。新徐家市，刑部郎徐昌补。张家市，剑于张氏。文村市，里人季希置。吴家市，里人吴宪创。田庄市，奚浦效氏。"

上面所提到的市集中多数与徐庄镇如出一辙，由私人投资创立，以姓氏命名，多称为某市。其实，徐庄镇由早期徐氏祖先创镇之时命名，严格意义上讲，并不能称为镇，只是一个贸易集市，在乾隆四十八年首次创编的《凤台县志》[1]中，亦将徐庄镇称之为徐庄市[2]，故徐庄镇与上述记载各市应属同样性质。

明清时期山西的市镇在创市立市方面，也有共同之处。除地主外，多为官僚创市，如浑源州西城商市，就是由明代中叶的州官购地筑屋，吸收商贩定居而形成的；右玉县梁家油坊镇，是由梁姓地主创立的等等[3]。

上述史料记载的这些创市者多为财势强大的地主或官僚家族，他们利用所占用土地投资创市，客观上为市镇的形成和发展做出了不可磨灭的贡献。然而同样在这个过程中，地主家族也逐渐成为这一片黄金商业地带的最大赢家，他们始终具有对市镇的实际支配权，管理约束其中的诸多工商业者。因此，建造市镇实际上是地主阶级对于商业的一种土地投资。

因此，徐氏家族对于徐庄镇而言，不仅是创市人，更是集镇的掌权地主。关于徐氏家族这一掌权地位的强调，家谱中又有多次显现。第一次明确提出管理之权是在徐家五世首

---

[1] 凤台县旧称泽州。清雍正六年（1728年），泽州改府，始设凤台县。因此后文中所提泽州县，若无特别说明，即指凤台县。
[2] 《凤台县志卷之二山川》载："又南马村沟水东来至徐庄市北注之，徐庄村在高阜，市在水傍。"
[3] 马玉山.明清山西市镇经济初探.山西大学学报(哲学社会科学版)，1992年04期。

山|西|古|村|镇|系|列|丛|书

次修家谱《东沟分四徐记累》中:"按我族之徐,系由南寨迁后峪南村。创建徐家寨后,又由峪南迁而居焉。因之成村落置市镇,故有管理本镇地方之权,他徐不得过问。"

而同一时期写的《徐庄镇创舞楼记客》中,已经上升到了"集主"的概念:"每逢酬戏时,该社首必先致会我族,集主到前,以免反客为主之嫌。"

同关帝庙一样,戏曲自古与山西商人有不解之缘,但凡商业繁华的地区,必定有修建精良、形式考究的舞楼存在。但是修建一所舞楼通常耗费相当大的资金,这在经济不发达的山西农村是一件非常困难的事情。徐氏家族买地出资修舞楼,一方面为邻里乡人的生活改善做了贡献,另一方面处于商业街道中心的舞楼,又为商人带来了无限商机,可谓一举两得。而正是舞楼这一重要建筑的修建,使得徐氏家族作为徐庄镇"集主"的地位也更加显赫,所以才会出现在舞楼戏曲演出时,即便是作为上级的东沟社也要对徐氏家族退后[1],肯定其"集主"地位,以免产生"反客为主"的嫌疑。

另外,在家谱中还有多处徐氏家族全权控制集镇祭拜活动及大事商议等的记载,如《徐氏家谱集志附录》中:"陆月二十四日,徐姓入庙,合族敬献神圣。"

家谱中存留的诸多地契,如《族中修理关帝庙永契录后》、《置河边地基永契录后》、《又置河边地基永契录后》等中记载,地基的买方全部为合族,由族长决议,最终将地基归为本族公共财产所使用。如《又置河边地基永契录后》中具体记载如下:"我兄弟公议,邀同族长,情愿将此诃边地基卖兴族,中公有堂名下为死业。"

以上这些都是徐氏家族集镇集主权利的具体体现,而我们从零星的记载当中,也可以大致推断出徐氏家族整体的管理地位,每位族员都是合族的一分子,由族中族长及长辈来统一协调,作最终决策。

(2) 建镇规模

任何质变的飞跃都会经历一个漫长的量变过程,一个具有相当数量工商业户的市镇实体的发展也不例外。因此,最初的建镇规模必定对商业聚落形态的演变形式甚至其经济的发展方式有着长远而深刻的影响。

普通的先商业后市镇的市镇模式,其生长过程必然有明显的自发性、随机性、自由生

---

[1] 据村中老人讲,旧时每个村落称为一个社,每个社都会有大家推选出的一个威望较高的长辈,管理全村事宜,类似于现在的村长。

长性等特点，依据地理环境、商业活动等具体条件形成特有的市镇聚落形态。但是徐庄镇由于相反的形成过程，初期简单的规划痕迹，直接影响到后期徐庄镇的发展方向。因此，徐庄镇建镇初期的原始规模对于探究整个市镇的发展轨迹有着重要意义。

　　徐庄镇初期的市镇建设离不开土地买卖，因此建镇规模主要体现于地契这一宝贵资料当中。《族中修造关帝庙永契列后》中记载："立永死契，撼文约人徐敦仁等，兹因先辈遗留地亩，自出财产，创建关帝庙壹所。庙前修造市房多间，共占平地拾五亩七分，系南北畛其地，东至寨根地，又至东小河，西至阳阿大河，南至我族徐姓地，北至大道。情愿立契归我族公有，纳粮应社，致于市房修占地拾四亩五分……大清康熙年月日　契存大王会中。"

　　《族中置买舞楼地址永契录后》中记载："立义让永远死契文约人徐绍远，今将自记祖遗本街地基一块，先四至，东至振世房，西至大街，南至克昌房，北至大街。同中说合，情愿让本族公中为死业，任族中创修舞楼占用……康熙拾二年夏四月初三日立永远死契人徐铭远契，存大王会中。"[1]

　　《族中置买商人义地永契列后》中记载："立永远死契文约人徐大成，今将自记分到本镇南头，坡地叁亩两段。其地东至道路，西至大河，南至徐天骐地，北至徐廷锡地，西至井明。央中说合，情愿出死契壹纸，卖死契，族中公有堂为死业，认为公有之地，以作公用。……着此地为商人寄埋义地。……此契系康熙年契存大王会中。"

　　这几段写于康熙年间的地契详细地说明了徐庄镇初期的建筑及规模。徐庄镇占地面积约十四亩五分，接近一公顷，有市房多间。市房区中心街道北侧连接关帝庙，南侧连接舞楼，位于同一中轴线上。根据乾隆五十五年（1790年）《徐庄镇大庙山门告成碑记》中所述，"延及己亥，正殿、角殿以及东、南两庑，先为施之丹雘，金碧交辉，巍然壮观焉，惟是山门未建，体统弗称，不能无俟乎再举"，可知，直至乾隆年间，关帝庙才在倒座位置加建山门戏台，此前只有初建时的正殿及东西两庑。因此，初建之时的关帝庙正殿与舞楼直接隔街相望，与后期加建的山门戏台相比，这时的舞楼不仅是关帝庙"关老爷"的戏台，更是公共大众的戏台。每逢重要日期，便有戏曲上演于此，供商户及顾客观看。

　　关帝庙、舞楼组成的神庙舞楼体系，关帝庙又与市房组成庙市体系，三者结合起来共同构成早期井井有条的徐庄镇。而正是这三者的相互配合与作用，使得祭拜、戏曲、贸易

---

1 注：徐绍远、徐振世、徐克昌均为徐氏家族第五世，详见附录三《世系图》。

等各项活动同时上演,甚为热闹。除这些主要建筑以外,第三条地契还表明在买卖市区的南部,还有徐氏家族合族为自己族人或外来商人建立的慈善性质的义地[1]。以上便是徐庄镇建镇初期的基本布局。

2. 商业的发展——先天优势

徐氏祖先颇有远见的创市之举,无疑为徐庄镇商业发展奠定了非常必要的物质基础,但仅仅依靠这些商铺店面是远远不够的。而徐氏祖先当初投资创市,必定也是看到了徐庄镇所具有的得天独厚的商业潜力。

在以贸易交换为主的封建社会,古镇的商业潜力必然体现于物资交换能力之上。贸易交换活动的产生是商镇繁荣的基础因素,当本村的交换活动仍不能满足生活生产需求时,便迫切需要一个影响范围更大、参与人数更多的交换场所来将邻里四乡的物资聚集至此。因此,几乎每一个古镇都是因为发挥着无可替代的集散作用而逐渐形成的。例如清代有名的"四大镇"中,景德镇最初就是个瓷器集散市场,直至明清时期发展成为窑灶林立的瓷器最大产地。

事实证明,徐庄镇后来扮演的角色同样是重要的物资集散地。但是历史赋予它这一重要的商业使命并非偶然,必然与其先天有利的环境及后天科学的管理等因素密切相关。

(1) 优越的地理交通条件

徐庄镇位于泽州境内西部地区,属晋东南地区典型的丘陵地带。方圆几百里蜿蜒分布有多条山脉,仅东沟古镇周边就有伊侯山、可寒山、桃固岭等多座山脉。然而,在这片起伏不平的土地上,有一条大河湍流不息贯穿南北,这便是长河。长河古称阳阿川,《凤台县志》中记载,"阳阿川两岸,诸涧源不甚远,□□扬波交积喧洞,势同雷转暖若雾和,水经注曰其水沿波漱石,瀬洞八丈,环涛转,西南流入于沁水"。由此可见,古时长河水势非常汹涌,水量也很大,并最终汇入沁河。因此,相对起伏陡峭的山路而言,这片地带的唯一水路长河,便显得尤为便捷、重要。

在泽州境内,长河上游联系大阳镇,下游联系周村镇,这两个镇在历史上对于东沟的

---

[1] 义地,由私人或团体购置专为埋葬一般同乡、团体成员及其家属的墓地。旧时埋葬穷人的公共墓地,也称为义地。

发展产生了巨大的影响。大阳镇位于长河源头，临近高平市，是沁水、高平两地的大型粮食集散地，交易量居全县十大镇之首，是盛极一时的"九州针都"。有民谣作证："东西两大阳，南北四寨上。沿河十八庄，七十二条巷。"古镇的气势和规模可见一斑。大量的商客流动于此，贸易交换后，或北上晋中，或南下中原。而周村镇则位于长河下游，号称泽州县的西大门，是泽州通往河南、晋南、陕西的必经之路，著名的商道清化一大道、清化二大道均经过此处[1]。周村镇自古便商贾云集、商业繁荣，同样为三晋重要的大型物资集散地。

两个商业重镇之间必然会有频繁的物资流通贯穿南北，于是，直接联系二者的长河水路，便自然而然地承担了最主要的货物运输任务。而徐庄镇恰巧位于两个商业重镇之间的长河中游东畔，这里河滩宽广，坡地缓和，是船只中途停泊码头的最佳选址。得天独厚的地理交通条件，使徐庄镇这一大码头在南北两个商业重镇的积极带动下，也有了物资集散，发展了商业，并且顺应时势很快成为长河中游方圆几十里重要的贸易中心。长河水路上帆樯如织，商贾攒聚，而徐庄镇也因此有了"四十里长河一码头"的美誉。这里的"四十里长河"并不是凭空而来，指的就是大阳镇到周村镇之间的大致范围。徐庄镇新的

图3-3 东沟古镇交通示意图

---

[1] 清化一大道、清化二大道皆自周村镇起，是穿越太行险胜到河南清化后广通中原各地的交通要道，自古便是官、商、兵、豪和百姓运输物资的必经之地，毂击肩摩，热闹非凡。

商业中心的确立，不仅将南北两个商业重镇更加紧密地联系起来，更是对大阳镇、周村镇的商业补充与过渡。

除水路以外，据史料记载，徐庄镇还位于泽州西北部地区的一陆路要道之上（因其丘陵地貌的原因，少有要道通过）。即自沁水县端氏起，经野鹿、野猪岭、许村入泽州县东沟，至古泽州府，是沁水县至古泽州府之大道[1]。这也与村中老人讲的长河流域沿岸各村落中只在东沟古镇有一条通城（指晋城，即过去的泽州府治）大路相吻合，其他村落进城都必须经此大路。因此，徐庄镇实际上位于南北向水路运输与东西向陆路运输的交汇之处，交通条件相当便利（图3-3）。

优越的地理位置加之便利的交通，使得徐庄镇的商贸业一旦发展起来便经久不衰。也正是由于徐庄镇重要的交通作用，在战争年代，成为八路军抗战的重要根据地之一。如今，晋（城）韩（城）公路穿村而过，延续了其通衢要道的历史地位。东沟的商业继续顺应时代的要求发展繁荣，形成新的商贸地点。历史集镇与新兴集镇并存，东沟继续发挥着重要的历史使命。

(2) 丰富的自然资源及手工业发展

在古代农业社会中，商业的繁荣发展仅仅靠交通便利是不足以支撑的，还必须有丰富的物质生活资源作为交换的商业基础才可以长久维持，而泽州自古以来就是一片富饶的土地。

a 酿醋流程一　　　　　　　　　　　　　　b 酿醋流程二

图3-4 徐庄镇传统酿醋业

---

1 引自：阎爱英主编.晋商史料全览·晋城卷."古代泽州商道".山西人民出版社，2006年。

图3-5 徐庄镇荆条编织小手工业　　　　　　　　　　　　　　　图3-6 徐庄镇铁丝编织

图3-7 徐庄镇铁货　　　图3-8 徐庄镇小炉匠　　图3-9 徐庄镇打铁业

首先，农业发达，各种粮食、皮货、山货一应俱全。自然资源储藏丰富，尤以煤、铁著称。由于煤产业的支撑，冶铁业空前繁荣。《凤台县志》卷之十二的纪事中载："明万历三十三年，城西煤矿煤窑烟火数月不灭，"而徐庄镇正是位于凤台县城之西。

其次，传统手工业种类丰富。明清时期，徐庄镇的油坊、醋坊等食物加工业以及木匠、弹花、张罗、荆编等生产生活用品加工业迅速发展（图3-4、图3-5）。而最关键的是，富饶的煤铁资源加上村民的心灵手巧吃苦耐劳，冶炼业及围绕铁器生产进行的各种加工行业，如炉作、铸造、编织业等产业都很快兴盛起来。东沟的能工巧匠颇多，自古就有学艺从商的好传统，民谣流传的"过了西洼坡，进了手艺窝，不是编笊篱，就是锢露锅"，指的就是徐庄镇（图3-6、图3-7、图3-8、图3-9）。山西各地及周边省市都遍留徐庄镇手工业者的足迹。

富饶的自然资源以及充满东沟人民智慧的各种手工业等，成为东沟商业发展的强力后盾，而在此基础上产生的丰富多彩、一应俱全的商贸种类也使得东沟集镇市场充满生机与活力，商业的发展日益成熟，对人们生活的影响程度越来越深，规模日益扩大。

3. 市镇经济的成熟——水到渠成

　　市镇经济无疑是中国封建社会商业中最富有活力的一支经济力量，尤其盛于明清两代。封建社会农业、手工业的不断发展，带动了商品经济的繁荣，而旧时农村自给自足的贸易活动已无法顺应社会经济形势的要求，因此村落间便打破了原有的封闭状态，相互贸易活动不断加强，最终形成一个联系众多村落的商业中心，谓之集镇。这里的商业活动以农民及商贩共为主体、农副产品及手工业加工品为交换对象。它是基于规模较小的农村经济发展而来，而规模又不足以到达大型都市的城市经济，是介于两者之间并且有所融合的一种经济模式。因此，这种富有活力的市镇经济相对其他两种经济来讲，具有更多的地方性、复杂性及代表性，更能反映中国封建社会后期商品经济的历史面貌。

　　下文主要将最大限度地还原当地商业活动的历史原貌，同时运用明清时期市镇经济的理论及研究手法进行分析比较[1]。

　　以长河沿岸地区为例，当不同村落间开始有了简单的物资交换时，徐庄镇早期投资修筑的市镇建筑便为这种不固定的自由贸易提供了良好场所。随着东沟煤铁业的稳固发展，集镇中的固定交易比例及商业吸引力也不断提高，贸易中心逐渐形成。外地迁来的商户使得人烟逐渐稠密，街道不断地延伸扩张以适应需求，贸易规模渐增。但是，由于徐庄镇早期的积极规划，统一的商业建筑也统一了商业运转的模式与套路，规范着鱼目混杂的各种商业活动有序进行和发展。到了后期，徐庄镇还采用了类似于商务会馆的管理模式协调商业。这样，一个功能渐全、声望渐显的商业集镇，便在先天优势与后天管理的共同作用下，水到渠成。

　　种种特点表明，徐庄镇无疑是明清时期晋东南市镇经济的一个典型缩影。

(1) 徐庄镇传统商业种类

　　徐庄镇民国之前的繁荣程度已无法确切考究。但古代庙宇多为商人捐资修建，古镇中

---

[1] 关于市镇经济的文献颇多，然而纵观近年来的学术研究，重点多在于市镇经济而高度繁华的长江流域及江南地区，即便是北方地区，也多偏向具有交通地理优势的山东、河北等地。作为商业大户的山西省，其市镇经济的发展及普及程度反而不如全国其他省市。这是由于山西省市镇经济不足以冲击高度发达的农村经济，又掩盖于大量从事特殊商贸活动（以经营盐业、票号为主）且实力雄厚的晋商光环之下，无法得到足够的空间自由发展。而东沟徐庄镇商业作为明清时期山西省特点鲜明的市镇经济被较为完整地保留，便具有很高的研究价值。

所保留的几块石刻碑文中都有大量的商号记载，如清乾隆五十五年（1790年）的《徐庄镇大庙山门告成碑记》和中华民国十七年（1918年）《重修庙宇创建拜殿碑记》[1]中都详细记载了捐资名录，其中《徐庄镇大庙山门告成碑记》所载捐资字号就有170多家，大型商号如："仁和店捐银三百两、辅兴号捐银百七十两、宇盛号捐银百一十两、大顺号捐银七十二两、义顺店捐银四十两、夫义号捐银四十两、丰裕店捐银四十两、寿生店捐银四十一两、恒裕典银三十两、兰盛号捐银七十二两等。"不难想象，当年徐庄狭窄的街道上，云集了众多商贾买家，每天呈现着一派摩肩接踵、人来人往的热闹景象。

我们可以根据一些零零散散的历史资料及村中老人记忆推断，当时徐庄镇传统商业缤纷繁杂，有牙商、盐商、铁商、米商、糖商、丝绸商、陶瓷商、烟草商、典当商、布商、药商等等。

(2) 清末及民国时期徐庄镇市镇经济复原

①商号分布

徐庄镇绝大部分商号都分布在东街、西街、正街三条街道两侧。通过走访徐庄镇常住居民，我们能大致推测民国时期商号的分布状况：

东街的大商铺主要有当铺和布行等。当铺主人是镇上有名的富户，而布行商户则主要来自于河南渭县，因为这一带做布匹生意的人非常多。布行布匹都是手工生产纺织而成，未经过任何加工，甚至有部分商铺专门卖妇女裹脚用的布条。

西街由于靠近堡墙外侧的自由集市，堡墙损毁后，商铺便与集市融为一体，主要有做毛毡生意的毡行（大部分来自内蒙古）、醋坊、粮食行（当地称为挑粮食的）、大染坊（东街买了布匹的顾客，直接可以来西街染布）等。这里分布的商户一般从事大型货物交易，不宜在过于拥挤的镇中心进行。

正街的商铺最多，五花八门，如餐馆、药店、烟行等，凡是村民需要的东西都可以在这里找到，所以就不一一列举了。最值得一提的是南街末端的牙行。牙行是一个非常特殊的职业，指在城市和乡村的市场中为买卖双方说合交易，利用买卖双方不熟悉市场行情的情况，从中牟取差额利润的商人。他们以经营牲畜、农产品和丝绸布匹等手工业产品为主。徐庄镇商业如此发达，故正街的末端亦有牙行分布，是专门负责买卖牲畜的中介机

---

1 详见附录一碑文。

构。想卖畜生的农户由于在徐庄镇既没有店面也没有场地，所以不方便把牲畜直接牵到集市去卖，因此只要将出售信息告诉有专门店面的牙行；而想买牲畜的人则可以通过牙行帮忙联系卖家，由牙行的人带领至卖家所居之处。每次贸易结束，牙行赚取一定差价，类似于现在的中介机构。

除此以外，镇东头的罗门口（即东沟村徐家大院罗门前的道路空地）和镇西头的米市场是两处主要的粮食交易市场，每月逢二、五、八赶集之日开市；一月三旬九集，人担驴驮，大车小辆，异常热闹。据镇上老人们回忆，一个集日的粮食成交量通常有100多石。

②行商坐贾

清末及民国时期的徐庄镇手工业经营者已明显地分为"行商"和"坐贾"两大类。小炉匠和锢露锅（专门修补铁锅）这类农闲时期周游邻里四乡的生意人，以及每逢赶集之日来到徐庄镇自由市场买卖的临时商贩被称为"行商"；而在当地开设店铺、常年经营的则为"坐贾"。

行商多是周边乡镇的村民，如峪南、东沟、北村等地的人，农闲时常自带或者用牛马驴驮着特产、货物到这里贩卖。而镇内"坐贾"商人则随着多年的历史变迁，早已不再是徐氏家族人，甚至东沟本地人都很少，主要来自河南、河北、陕西等省，其中河南人最多。民国初期，河南战乱，并且天灾不断，民不聊生，村里的男人们便结伴来到此地做生意，老婆孩子多留守在家乡。徐庄镇集市买卖交易全部为男人，女人进不到堡墙之内。解放后，这些生意人纷纷返乡将一家老小接到此地，从此落户东沟。当时做生意的外地人绝大部分都是租赁东沟本地人在徐庄镇的房产。这些房产有的是徐氏后人祖上流传下来的，有的则已经过好几手的倒卖。当然，生意逐渐做大的人则可能将房产买下占为己有。五花八门的生意人带来了各地的生意，有盐行、茶麻行、纸行、帽行等，以及东沟本地的铁行、铁锅钉货摊等。

③商贸活动

整体而言，徐庄镇商业体系实际上由内外两部分共同组成。内部是由堡墙包围，建筑、道路整齐规划的沿街商业店铺。外部则是堡墙西侧沿河分布的码头和露天贸易市场。这两部分相邻而立，同时进行着各种不同需求的贸易。堡内的商铺一般以"坐贾"经营的日常必需品为主，而堡外的集贸市场则是方圆几十里前来赶集的"行商"自由买卖农副产品，然后再用卖东西所得收入交换到自己的生活必需品。

这两种不同地点的商业活动有着自身各自的特点。如堡外农民自发组织的粮食、特产、山货类农副产品的买卖，具有货物种类繁多但数量又都比较少的特点，并且交易活动由每个农民独自完成，因此更适合于露天市场的买卖，这样可以大大增加买卖的随意性和效率性，每个农民卖完自己的产品就可以收摊打烊赶路回家。而堡内是主要以出售日用品或必需品为主的商户，他们一般都是批量进货，固定摊位长期销售，因此堡内的商户更适合拥有自己独立的店铺，并以此划分储货、销售以及生活空间。所以，这两种不同的商业模式相辅相成，共同构成徐庄镇完整的商业体系。也只有这样加以区分，才能使堡内堡外的商业活动富有活力，分别按照自己的特点需求有条不紊地进行。

那么，当年集镇街道两侧店铺林立，招幌蔽日，嘈杂喧闹，具体的商业活动又是如何进行的呢？下面以正街商铺为例予以阐释。

进货——早在民国时期，已经出现了专门从事货物运送的行业，类似于现在的货运。由于徐庄镇商户密集，商业往来频繁，因此镇上的商户通常不用亲自进货，只需将银票通过票号汇给货物批发商即可。批发商会托付专门的送货机构将各地批发而来的货物统一送至徐庄镇。一辆辆的马车载着货物由徐庄镇的北侧堡门而入，一路南下，分别停至相应店面门口，运货之人一声吆喝，里面的老板或者伙计立刻出来卸货，货物清点完毕后，再送至下一家商户。

储货——由于商家密集度太高，沿街建满房屋，只有少数几家开辟了专门的通道可直接将货物送至后院（这样可以用牲畜驮货而省去人工搬运），绝大部分商户进货则必须由伙计人力扛着货物穿过前面柜台，送至后院厢房或者商铺二层储存货物。

销售——徐庄镇街道两侧的每座商铺房屋地坪都要高于街道几级台阶，且大部分商铺在建筑外侧搭建了独立的厦棚，并将柜台沿着外墙柱砌筑。顾客购物只需登上台阶站在厦棚屋檐下，不必入内。

二、规划格局

徐庄镇依长河走势而建，整个平面大致呈椭圆形，主要由四部分组成：堡墙与堡门、商业街道与店铺、庙宇建筑（北侧的关帝庙、老君庙）以及戏台建筑（中心位置的舞楼）（图3-10）。

徐庄镇平面图中比较形象地表达了徐庄镇的布局特点。统而观之，徐庄镇总平面以位于正中位置的南北向主街道为轴线对称布置。轴线北接关帝庙及老君庙，南至舞楼，中段与东西向主街道十字交叉，由北向南依次形成了三个中心：庙宇建筑所形成的精神中心、

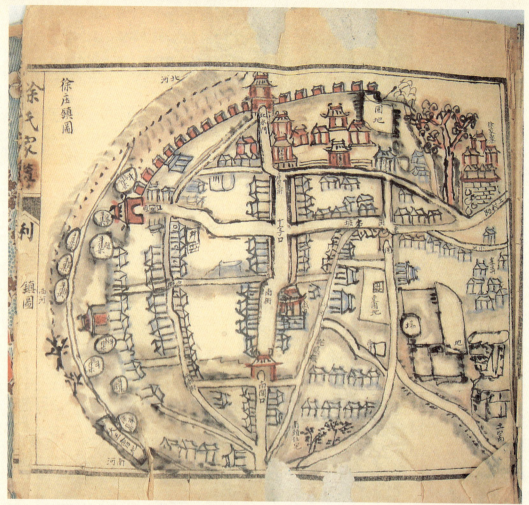

图3-10 于民国12年修缮的徐氏家谱中徐庄镇平面图[1]

十字路口所形成的商业中心及舞楼所形成的娱乐中心[2]。三个中心位于一条中轴线上一气呵成，最终在处于堡内中心位置的舞楼达到高潮，烘托出这条街道的重要地位。此街道又与东西向主街道（坡后街）交叉形成整个堡内的十字骨架，尽端连接徐庄镇东南西北堡门。

---

1 注：图中所有公共建筑如堡墙、堡门、舞楼及庙宇建筑等，均用红色表示。
2 据镇上居民回忆，以前徐庄镇每天都很繁华，人流熙攘，凡重要日子便有戏剧上演，于是众多赶集的人便站在街道中间踮起脚尖看戏，热闹非凡。舞楼与商铺互相辉映，互相促进，商业娱乐一体化，带来更多的生机与活力，共同将东沟镇经济推向高潮。现在舞楼因解放后扩路而拆除。

值得注意的是，堡内的道路网络非常有意思：所有东西向街道全部平行排布，而所有南北向街道则中段平行排布、首尾两端分别汇聚于北门及南门，类似于地球经纬线的布局。于是整个徐庄镇被三条南北向的街道及四条东西向街道划分为不规则网格状。商铺主要为东西朝向，集中在三条南北向街道两侧，其形制不一的服务用房及后院则灵活分布于不规则的道路网格内部，以供生活起居之需。除坡后街外，其余的东西向道路均不设置店面，尺度明显偏小，只充当通行巷道，后面将会详细阐述。

徐庄镇主次分明的规划布局，一方面使舞楼、庙宇与集市相结合，极大地增加了徐庄镇的商业吸引力，同时又将重要的商业贸易活动集中于采光充足而又较长的三条南北向街道，在争取更多的沿街店面及商业利益的同时，也为顾客购物提供了舒适的环境。

徐庄镇所有规划设计都围绕商业主题而进行，堡墙用以保护商业财产，关帝庙、老君庙为护佑商业发展，街道、店铺的规划设计则为了充分利用每一寸商业土地，并且将最好的采光通风朝向留给主要的商业街道为顾客提供服务，而舞楼的设置更是增加了这个商业中心的活力及吸引力。虽然少了很多民居建筑中所讲究的规矩，但是实际上加强了商业服务这一原则，主题更加鲜明。

1.堡墙及堡门

徐庄镇堡墙主要具有三方面作用：防水、防敌及规范商业活动。

首先，由于徐庄镇地势较低，长河水势凶猛，厚重的堡墙对大水的冲击具有一定的抗击作用。

其次，根据家谱中所绘，徐庄镇四周堡墙上筑有厚重的齿形垛口，这具有明显的防御特性，与当时的社会现状息息相关。旧时改朝换代之时，常常兵匪四起，社会动荡不安，商户的人身财产安全时刻受到威胁，因此这样一个商业重镇，必然非常注意保护商人的利益，构筑堡墙及射击垛口，增强了防御性。

再次，堡墙也限定了徐庄镇的界限范围，正是堡墙的限制，使得徐庄镇没有任其自然地恣意发展，而是无形中在既有的界限内形成了特定的商业模式，又通过共有的商业模式来加强管理，达到规范商户行为的目的。例如，堡内所有居民必须都是固定做生意的商户，所有的宅院都是前面商铺后面临时休息的模式，白天在堡内做生意，晚上全部撤出堡外回家休息，这样一来，行踪不定的各路商贩便被限制于堡墙西面的长河滩自由贸易，而

完全不做生意的住家更不可能居于堡内，这非常有利于商户的统一管理；另外，当时的封建社会，徐庄镇堡内只允许男人进出，交易全部由男人完成，没有女人和小孩的参与，直到解放后妇女运动胜利，女人才第一次进入堡内。

四座堡门位于主要道路的尽端，有人把守进出，其规划脉络非常清晰。北门位于堡北关帝庙西北侧，为二层阁楼式，直接面向长河水来之方，俗称水北门，是外乡人出入徐庄镇的主要大门，由此可基本断定繁盛时期的徐庄镇贸易码头应位于堡北门附近；而建镇之初所修建的大王神庙，也位于"当大河之冲"的徐庄镇北侧。种种迹象表明，徐庄镇的发展趋势是由北向南逐步扩建而成的。

堡南门与堡西门在家谱中分别称为南阁口、西阁口，加之徐庄镇图上绘制的堡门形式，我们大概可以推断徐庄镇堡门均为统一的阁楼式堡门。堡南门位于南北向主街道尽头，主要通往堡外田地及自由集贸市场，如米市场，粮食市场等；堡西门位于东西向主街的最西端，直接通向堡外长河岸边的码头与露天贸易市场；堡东门位于东西向主街坡后街的东端，沿此路直上即可通达东沟村，包括徐家寨、徐家大院及散布的其他住户。

堡门还有一个重要作用则是限定贸易时间。分居东西南北的四大堡门每天白天按时开放，晚上则按时关闭。这源自中国古代固有的商业习俗。《易经·系辞》中便有记载："日中为市，致天下之民，聚天下之货，交易而退，各得其所。"这里的"日中为市"即是将正午规定为商业活动的时间，时间一过则交易而退。只不过到了后来商业发展壮大，交易时间延续到了整个白天。由于徐庄镇鼎盛时期的商户以徐氏家族人居多，他们每天晚上要统一回东沟村自家的宅院休息睡觉。而到了清代后期及民国，徐氏家族早已败落，外来商户占据了徐庄镇的绝大部分，他们则前店后屋，晚上直接在后院中休息居住，但此时堡门仍旧是要关闭的，这种状况一直持续到解放前。

如此严格的规定，客观上则为徐庄镇商业秩序及安全提供了一个坚实保证，使其能够有条不紊地持续发展。遗憾的是，堡墙与堡门由于解放初期扩张道路，及通行大货车不方便而被迫拆除，不复存在。

2.商业街道

徐庄镇现在的空间格局基本没有改变，除堡墙、堡门及戏台因扩路拆除损毁，其余主要街道巷道都保留完好。店铺云集的三大南北向主要商业街，由西至东依次是西街、庙前

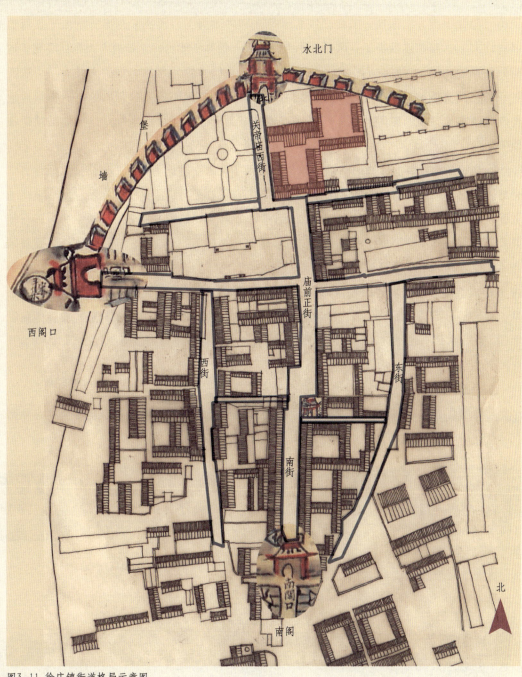

图3-11 徐庄镇街道格局示意图

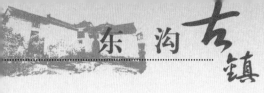

正街（简称正街）、东街，其中正街位于徐庄镇中轴线上，西街、东街分别位于其两侧（图3-11）。虽然坡后街街道两侧也是店铺林立，但并不能算作主要的商业街，而更多地起到联系的作用，是东沟村民进入徐庄镇或由徐庄镇去镇外贸易集市的必经之路。东西向巷道则具有辅助功能。整个徐庄镇地势北高南低，东高西低，故所有的街道都顺应地势成平缓的坡道状，有利排水，但是现在的街道由于硬化铺地的缘故，以前的坡度均被填平。

徐庄镇商业街道的立面由商铺立面延续而成。与居住建筑不同，相邻商铺之间没有任何缝隙，只在个别位置有断开。街道立面的最大特点就是商铺立面相似而不重复。统一的立面常常有重复的错觉，但是仔细观察，没有任何两座建筑物是完全一样的，如屋高相差几皮砖甚至一两皮的高度，房屋前后位置互相错开，开间的变化，门窗位置改变，屋脊雕刻不同等，所有的细微变化，使得街道增加了许多趣味。这些差异的产生并非偶然，而是由于古人所尊崇的尊卑等级制度产生的，辈分低的人所建房屋必然不能超过辈分高的长辈，而有钱有势的人必然会通过房屋高度来象征自己的地位之高，哪怕只是几皮砖的高度而已。久而久之，便形成了现在正街参差错落而又整齐划一的沿街立面。

(1) 庙前正街

根据村里老人的回忆以及家谱记载和现场调研，我们主要分析徐庄镇最重要的商业街

图3-12 徐庄镇正街东立面图

图3-13 徐庄镇正街西立面图

道（庙前正街）原有的面貌（图3-12、图3-13）。

　　整条街道长约两百多米，宽三米左右。并不是正南正北笔直贯通，而是同其他古街道一样，顺应地势略有蜿蜒曲折，由北至南大致可以分为三段。

　　第一段街道紧邻关帝庙西院墙，北端起自徐庄镇北堡门——水北门，向南至关帝庙山门前的东西向胡同。这条路是运送货物及进出堡的主要通道，称关帝庙西街。方圆几十里的客商一般都是通过水路（少数为陆路）顺流直下，首先到达徐庄镇西北角的长河码头，然后再由水北门进入堡内，沿着此路再进入镇内商业大街。另外，由于这条路紧邻关帝庙西北角的侧门，所以也是堡内村民前往关帝庙内看戏时的主要通路。沿着此路进入关帝庙侧门后，便可以直接沿门口处的石梯而上坐在两侧看楼廊下观戏。现在此路已不复存在。

　　第二段是从关帝庙山门至徐庄镇中心戏台部分，称为庙前正街，是徐庄镇内最核心的街道（图3-14）。这段街道两侧的商铺建筑房舍连排，侧墙相接，主要为四开间或五开间的两层砖木楼房，由于防水的需要，楼房的地基很高，位于五级台阶之上，密密匝匝的商户由北排向南，目前大多数商铺的门面还保持着板搭门窗的旧时模样，少数由于损坏已被重新换掉。

　　第三段则在戏台处向西偏移，从戏台西侧至南门部分，是庙前正街的延续（图3-15）。建筑依旧延续了前面的风格，只有略微差别。

　　与前面两段街道不同的是，第三段在道路与东面商铺建筑的台阶之间有一条小水沟相

山｜西｜古｜村｜镇｜系｜列｜丛｜书

图3-14 第二段：庙前正街

图3-15 第三段：南街

隔，不到半米宽，常年有清水流过，雨季尤为充沛。东面的每个商铺入口处则有一两块青石板铺盖在水沟上方，以方便顾客进出商店。这条水沟便是东沟人凿渠引流寓意"紫气东来"的那条山泉水，流出东沟村后由舞楼正前方流入徐庄镇（由暗渠转为明渠），最后向南拐入正街下半段的东侧商铺前的水沟之内，继续向南流出堡门后汇入长河。在《周易》八卦中，水又是财富的象征。在徐庄镇这样一个商贾云集的商业大镇，商人们有着共同一致的追求，那便是创造更多的财富，这条水渠无疑是一种巨大的精神寄托。当然，它其实还有一个非常重要的实际作用——排水，包括雨水和污水。由于这段街道位于徐庄镇乃至东沟古镇中地势最低的地段，而在这样一个密集度高的建筑群里，生活人口及流动人口都很多，如果无法处理好排水问题，那么环境问题将是非常严重的。同属晋东南商业重镇的陵川城，堡内道路部分街巷也曾经用青石铺路但由于没有下水道，导致每逢雨天，污水横流，泥泞不堪。徐庄镇这样一个简单的水渠，既有美好的象征意义，又兼具排水的重要作用，设计十分巧妙。其实正是由于徐庄镇跟东沟村的徐家大院，都位于一片坡地之上，而东沟又多雨水，因此东沟村和徐庄镇都有十分完整的排水系统。

图3-17 徐庄镇东街东立面图

正街路面由坚实的大块青石铺垫而成，历经长久踩踏磨砺，黝黑的路面愈发厚重光滑，充满古朴气息。由于解放后铺

图3-18 徐庄镇东街西立面图

图3-16 徐庄镇东街

路地基垫高,不仅台阶消失,而且导致院内地面低于街巷低地面,破坏了原有的街道面貌;铺路青石块也已全部铲除,现在遗留在道路两侧,成为村人饭后闲聊的坐处。据老人回忆,庙前正街是当年徐庄镇最繁华的街道,无论是否赶集之日,狭窄的街道上,每天呈现出一派摩肩接踵、川流不息的热闹景象。各种吆喝买卖之声不绝于耳,沸沸扬扬。

(2) 东街

东街位于正街东侧,长约170米,规模略小于正街(图3-16)。又称当铺院前街,因街上规模最大,也是影响力最大的当铺院而得名。东街上商铺的密度明显比较低,只有道路北段为平行排布的商铺,南段则是零星分布的几座楼房,并不完全相邻,随着道路后端的弧线依次后退,建筑的组合形式也更加灵活,不再拘泥于合院的形式(图3-17、图3-18)。由于这些商铺处于徐庄镇相对边缘的地带,不容易轻易到达,因此久而久之,商铺未能较好地延续使用,最终失修废弃,并且沿道路外侧也已竖起弧形围墙,原来的建筑面貌便不得而知。

(3) 西街

位于正街西侧，呈斜向，其南端与正街相交，长约182米（图3-19）。西街的街道尺度最小，但商铺密度却比东街高，这大概是由于其靠近西侧长河畔的自由贸易市场，也是外乡人由西门进堡后距离最近的商业街道，无论是人流量还是商业的活跃程度都是非常高的，地理优势非常明显。解放后没有受到过多破坏，保存比较完整（图3-20、图3-21）。

图3-19 徐庄镇西街

(4) 东西向巷道

东西向巷道通常位于相邻两座院落的院墙之间，将成排的商业店铺断开。巷道尺度较小，两侧院墙的高低起伏使道路显得幽深曲折，有的甚至只容一到两人平行通过（图3-22）。这么狭小的空间，显然不是专门为了顾客开辟的道路，并且它也不可能承担疏散大量人

图3-20 徐庄镇西街东立面图

图3-21 徐庄镇西街西立面图

图3-22 徐庄镇东西向巷道

流的作用。在这并不算很长的三条商业街上,留出几条狭窄的巷道,其实具有重要的实用作用。其一,这些巷道的两侧通常开有运送货物的小侧门,尽管比较简陋,但方便送货、卸货之用,并不常走人(图3-23);其二,徐庄镇所有街道两侧店铺林立,人流量很大,而位于长排商铺中为数不多的几条狭窄巷道,便成为商业街公共建筑——厕所最荫蔽的藏匿之所。另外,巷道还可以兼用作联系东西街及正街三条商业街的便捷通道,可谓一举三得。由于巷道尺度都很小,也并不影响商业街的连续性。

图3-23 徐庄镇商业街通往后院的货运通道

三、商业建筑

徐庄镇的商业由最初的几间商铺，一步步发展成为方圆几十里的商业重镇。但最终由于没有及时适应现代社会的飞速发展而衰落。这其中的风雨变幻，如今只能默默沉淀积累在一排排古朴无言的建筑史书之上，任人们在一片清冷中娓娓道来。

1. 商铺变迁

每座独立的商铺建筑围绕货物销售、储存而分配空间，灵活布置，将人的需求降到最低，但货物的流线却很通畅，这与居住建筑完全不同。

正街为商铺分布最多的商业街道。由于最初同为一个家族人氏修建而成，故两旁的商铺基本上为大同小异的二层砖木楼房，多为四到五开间，屋顶板瓦仰俯铺装，平开梁木门窗，窗棂全部为方格状，整体造型简洁明快，无过多装饰。有的店面讲究一些，在屋脊之上雕刻象征富贵的牡丹。建筑等级也只是通过高出几皮甚至一皮砖的高度来象征。

早期每座沿街商铺大致有四到五个开间，并排而建，并且都带有一个独立的后院，用以储存货物及伙计留宿之用（多为看守人），足见当时徐家的生意之大。这个时期的商铺由于用地宽松，且客流量较小，并没有完全摆脱居住建筑的形式，只是简单地将宅院倒座门窗开向外侧，方便生意，内部空间非常宽裕。商铺建筑的独特性没有完全体现出来。但是到了后期，徐庄镇历经百年的发展，有了巨大的变化，徐庄镇不再是徐家做生意的场所，而扩张成为方圆几十里的商贸中心；同样，徐家生意也不再一枝独秀，而是早已被淹没在徐庄镇商业的大潮中。徐庄镇原来建造的房屋，主人早已易其主，这些沿街的商铺有的被徐氏后人几人共同分割，有的甚至已经被没落或者弃商的徐氏子弟转手倒卖给或租赁给其他姓氏用作商铺。越来越多的人涌向徐庄镇。为了最大限度地创造商业价值，一座完整的四开间或五开间楼房通常都分割为两到三个商铺，相邻商铺以开间相对应的梁下砌筑的一道隔墙为界，楼上楼下部分相对应，楼上预留地洞，完全采用室内楼梯上下（图3-24、图3-25）。对于较大的店铺，资力雄厚者可以租下一座二层楼房其中的两个或者更多个开间，而对于小商户来说，只能租下其中一个开间。

由于前面沿街店铺的分割，相对应的后院必然也会随着入住商户的增多而不断被分割

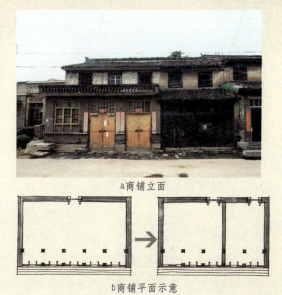

a 商铺立面　　　　　　　　　　　　　　　a 商铺立面

b 商铺平面示意　　　　　　　　　　　　　b 商铺平面示意

图3-24 四开间拆分为2+2　　　　　　　　图3-25 五开间拆分为3+2

为零七八碎的几部分，并且增建了许多小型二层楼房及厢房耳房等。直到民国时期，逐渐形成了现在街面全部整齐划一、紧密排布的格局，而内院则是拥挤狭小、灵活布置的景象（图3-26）。

图3-26 徐庄镇外部商业街与内部院落对比

2. 商铺立面

现在的正街商铺的形成是一个长久的过程，但是由于资料有限，我们只能大致将清末民国时期商业店铺的基本面貌简单复原。

徐庄镇商铺立面的特点主要有两个：高高的台基与扩展的厦棚。

所谓高高的台基，是指沿街布置的店面房屋地基较高，高出街道3~5级台阶，防止下雨之时水流汇集将店面货物淹没，同时也无形中增加了商铺的气势。

所谓扩展的厦棚，是指为了增加商铺的使用空间，所有的商铺建筑都有一个附带构筑物，即在原本封闭的二层建筑外墙一层层高处将梁加长外挑，梁头下立外廊柱，梁上另立一到两根短柱至二层窗户下檐高度，并在结构之上覆盖板瓦形成披檐。这种披檐也称为厦棚（图3-27）。对披檐下的空间处理有两种方法：一种是外墙及其门窗不作任何改变，只是通过用柱子承重的披檐为顾客遮风挡雨，创造出可以停留的灰空间，白天营业时在披檐下还可以摆放更多的货物用以展示，这样看似作用不大的披檐，虽没有增加商铺内面积，但实际上间接增大了销售空间（图3-28）；另一种是直接将外墙拆除，并在厦棚外柱间安装木质活动门——白天营业时将木质门拆下，开放空间，晚上打烊后将木门安装好，而拓展出来的披檐空间则可用来储存货物（图3-29）。后一种处理方法则是直接通过扩大商铺面积的方法增大销售空间，商铺的外墙门面采用大面积可拆卸木板门，方便展示货物与送货。两种方式都增加了建筑的开放性，是商铺销售空间的延伸。同时，这样一个只有一人多高的厦棚的设立，使人与两层高的楼房之间有了过渡，街道尺度变得更加怡人（图3-30）。

图3-27 商铺立面图

 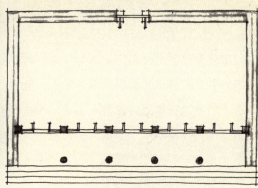

a 商铺厦棚立面　　　　　　　　b商铺厦棚平面示意

图3-28 徐庄镇商铺全开放式厦棚

a 商铺厦棚立面　　　　　　　　b商铺厦棚平面示意　　　　　c商铺内部

图3-29 徐庄镇半开放式厦棚

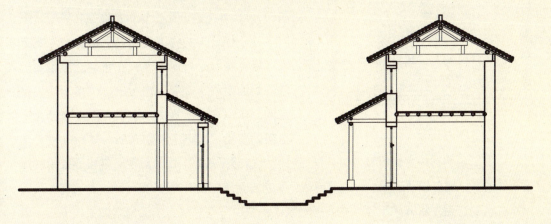

图3-30 街道剖面图示意

3.商铺平面

虽然几个商户共用一座商铺宅院,每一个独立的商铺形式各异,但基本都采用相类似的模式并自成体系,从房屋的功能上大致分为前店后宅或上宅下店的形式。又由于古镇的传统生产方式基本上为家庭手工业,因此又有作坊依附于商店和宅院,同时形成了前店后坊的格局。总体而言,一家完整的商户一般由沿街店面、耳房、厢房以及后院四部分组成(图3-31)。其中沿街店面完全为销售空间,耳房为服务空间,厢房为储货空间,后院则是处理各种杂物的综合场所。

(1) 一层平面

柜台一般布置在外墙承重柱子之间,下砌砖块,上置木板,大约1米宽,1.2米高,长度占据整个开间,只留有一个活动木板门可以掀起供人进出,以此来最大限度地利用店面空间。柜台是用来交易物品的地方,一般只摆放算账用的算盘及少量货物(图3-32)。柜台后方则是高大的格子货物架,用来摆放店内销售的货物。有的商户由于商铺面积不足,则直接将货物架砌筑至屋顶,兼作隔墙,以此来分割销售与服务空间(图3-33)。柜台与货物架之间约有1.5米宽的间距,售货员便站在中间,来回活动于柜台与货物架之间。当然柜台与货架不可能占据整个店面进深,在货架后面距离内墙之间的空间,则会专门留出一个多功能过渡空间,类似于过厅性质。这里可以用作储存未上架的货物,以便于买卖东西时随时取放。其

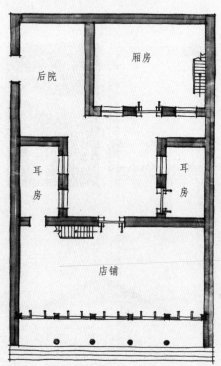

图3-31 商铺总平面示意图

次,通往二层的室内木梯以及店面开向后院的大门都在此处,由这里便可直接通往紧密围绕店铺的多个服务辅助空间——二层阁楼、耳房与后院(图3-34、图3-35)。耳房一般有两个,紧贴店面左右开间而建,空间相对狭小。其中一个耳房直接面向商铺室内开门,仅窗户开向后院采光通风,类似于套房性质。这个耳房通常内砌火炕,放置桌椅,为掌柜伙

图3-32 徐庄镇商铺沿街店面柜台上摆放的物品

图3-33 徐庄镇商铺沿街店面内的柜台、立柱、货物架

图3-34 徐庄镇商铺沿街店面通往二层的木梯

图3-35 徐庄镇商铺沿街店面通往后院及耳房的空间

计休息的地方，由于对外不开门只开窗，冬天有利防寒挡风；另一个耳房则直接面向院内开门窗，一般用作厨房、储存杂物等。

　　由店面的后门可以直接到达后院（图3-36）。后院主要用以处理各种杂务，如卸货、饲养牲畜、洗衣晾衣等。厢房一般位于后院，或与商铺正对，或与商铺相邻而建，形式比较自由，不受前排商铺楼房的约束，只与后院大小有关。如果后院面积较大，则厢房也比较大气，如果后院狭小，厢房可能只有两个开间或是与其他商户共同使用其中两到三个开间（图3-37）。另外，厢房可以是两层，也可以是一层，一般作储存货物之用，有时兼作饲养牲畜，或者将磨坊、石碾等也放入其内。如果是前店后坊的形式，则一般将作坊设在厢房当中。总体而言，商铺首层功能完善，布置紧凑，各部分联系非常方便。

(2) 二层平面

由于二层不如底层冬暖夏凉、方便出入，并不适合生活起居，因此商铺二层一般都用作储存货物，通过室内木楼梯上下联系（图3-38）。当然也有一些规模很小的商户，由于入住时间较晚，没有分得后院及耳房，只能选择在二层居住。现在，由于东沟的商业已发展迁移至新开发的广场区域，住在正街的很多老住户已经不再从事商贸活动。现在的商铺很多仅用于居住，所以二层一般很少上人，只用来储藏一些粮食（二楼可以防潮、防晒、防虫等）、杂物等，有的还供奉有太上老君或土地神，俗称"供老爷"（当地村镇习俗）。也有一部分二层由于年久失修已不再使用。

4. 商铺建造

中国古代历来将建房看得非常重要，破土动工总怕触犯各路神仙，因此建造一所房屋，从入山伐木之时起，每个阶段都要择吉日行动，如破土

图3-36 徐庄镇商铺后院

图3-37 徐庄镇商铺厢房（现已废弃）

图3-38 徐庄镇商铺二层楼板地洞与储藏

立木柱、动土平地基、立柱上梁、以至粉刷房屋砌地等,而立木上梁是最后一道也是最主要的一道工序[1],因此,上梁时会举行隆重的活动,《鲁班经》中就有记载如下:

> 凡造作立木上梁,候吉日良辰,可立一香案于中亭,设安普庵仙师香火,备列五色钱、香花、灯烛、三牲、果酒供养之仪,匠师拜请三界地主,五方宅神,鲁班三郎,十极高真,其匠人秤丈竿、墨斗、曲尺,系放香桌米桶上,并巡官罗金安顿,照官符、三煞凶神,打退神杀,居住者永远吉昌也。[2]

上面记载的"上梁礼"很详细。山西古村历来也有建房上房梁的习惯。据东沟村老人所述,用作上房梁的梁一般称作花梁,当地的房屋在上梁之日,也会请来风水先生及亲朋好友,举行一个隆重的仪式(同《鲁班经》中所述类似)以祭祀及庆贺,完毕后便将花梁安于正房的二层楼房之上。按照当地的风俗习惯,一般用作花梁的木头都是经过精挑细选的香椿树,而且一定是公椿树[3]。由于旧时对红白喜事、盖房建屋等这类重要的事情都极为讲究,一定会花重金聘请有名的吹打乐队为其演奏助兴[4];另外,在农村的习

---

1 立木上梁是指房屋的整体屋架完工后,特意选定黄道吉日将横梁放于屋架的脊檩位之下,横梁尺寸偏小,并不承重。
2 五方宅神:五方,指东南西北及中央,古人认为这五方都有主管房宅的神;风水术中则认为,宅中有12个主神,他们分别是司命、勾陈、青龙、明堂、天刑、朱雀、金匮、天德、白虎、玉堂、天牢和玄武。
3 香椿树是上好木材,做家具不易生虫,属雌雄异体植物,因此有公椿母椿之分。
4 吹打乐是中国传统器乐乐种的一种。由吹管、打击两类乐器演奏,民间俗称锣鼓或鼓吹,一般还会顺街游行,一边演奏一边进,因此周边邻里村民看热闹的人很多,场面异常喜庆。

俗，家里娶媳妇时必须要建新房方可开办喜事。因此，建新房与娶媳妇便逐渐合二为一同时进行，这样不仅省去了一道重复工序，只需请一次乐队即可，而且还可以双喜临门，锦上添花，更增添一份红火之气。于是，新房在建好后并不着急上花梁，直到结婚当天，才一并请来吹打乐队奏乐后完成这最后一道工序。

图3-39 徐维城院花梁

有意思的是，花梁并不是简单地固定于屋架之上，上面一般还会写上上梁日期及祖孙三代的名字[1]，寓意"自从今日上梁后，子孙越发越兴旺"。这样一个风俗习惯，无意中保留了珍贵的历史资料，通常通过房梁便可知道宅主的名字及修建或重修日期。

图3-40 徐那居、徐致和院花梁

现在徐庄镇街道两旁的商铺中，仍然保留不少处房屋建造或重修时的珍贵花梁。从已有花梁可知，房梁上的重修日期多为清乾隆时期，并且房梁上所写房主名字大部分为徐姓，可知清乾隆时期，东沟镇已经发展成熟并且相当繁华，而当时徐氏家族仍旧处于鼎盛时

图3-41 徐继良、徐继让院花梁

图3-42 南街某院花梁

---

[1] 如果不够子孙三代，便只写两代的名字。另外，若家中没有儿子，叔侄也可以，旧时虽然讲究很多，但是应变也很灵活。

期，占据着东沟商业的大部分份额。如：

（1）徐维城院房脊花梁上书：

"昔大清乾隆伍拾贰年岁次丁未贰月贰十三日定主徐维城暨男能九保容举 孙 连喜 重修路东街房上下拾间永远为志云。"（图3-39）

（2）徐那居、徐致和院房脊花梁上书：

"昔大清乾隆肆拾贰年十二月朔房主徐那居致和 同女至男 松龄千秋万寿柏龄 重修本镇东街前房十间后南楼二间永远为志云。"（图3-40）

（3）徐继良、徐继让院房脊花梁上书：

"昔大清道光贰拾年岁次庚子五月拾叁日吉时上梁宅主徐继良、徐继让仝 女至男 学易 学文 学论 学□□□孙羊春重修本镇市房上下四间自修之后生意兴旺人口早安万事亨通永远为志耳。"（图3-41）

（4）南街某院房脊花梁上书：

"昔大清乾隆五十一年岁……宅主徐……。"（图3-42）

5. 商铺改造

解放后，徐庄镇商业中心逐渐转移至新开辟的广场地带，这里的商铺便逐渐变为居住之所。由于商铺必须穿过前面的店铺才能到达后院中的居住厢房等，这必然给居住在前面的店面主人带来不便。于是，为了适应形势，徐庄镇的店面出现了一些可以直接通向后院的大门，这些大门多是由店面单独开辟出一开间的宽度形成门道，不会影响前面店铺而专供后院使用（图3-43）。这些大门无外乎有两种形式，一种是将原来的门窗拆除，重新建为拱券的圆形门洞，通过过道直接进入后院；另一种则并没有改变原有的形式，只是在后墙也加了一道门，前后双门组成一个半封闭过道，穿过其中，会有一片新天地呈现在眼前。这种空间的奇妙转换，别有一番滋味，体现了中国古代木构空间分割的灵活性（图3-44、图3-45）。

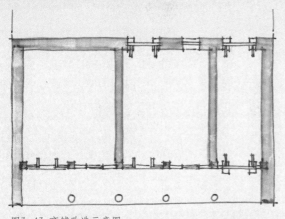

图3-43 商铺改造示意图

图3-44 未拆除门板的过道形式　　图3-45 改建为拱券门洞的过道形式

6. 主要商铺

(1) 当铺院

当铺院位于东街前段,规模较大,建筑面积约460平方米(图3-46)。当铺院坐东朝西,分为南北院落相邻而建。北院为当铺及住宿院落,主要进行典当交易;南院则为旅馆,为商人及伙计们提供居住休息的场所。

当铺院北院又分为前后两进院,前院左右各一座厢房。北侧是一层小厢房,面向前院内部,实际作用类似于门卫。南侧厢房则有两层高,既对外开放,又对前院内开敞,同时作为临街铺面,也可进行简单的货物典当。右侧两层厢房与后面的四合院相互错开形成前院空间。前院同时还起到过渡作用。贵重东西的典当一般要通过第二道门进入后院。当铺院由于其行业的特殊性,与一般商铺有所不同,除了直接临街的商铺外,更多的交易是在后院进行的。当铺院后院为规整的四合院,四大主房全部为两层砖木楼房,三开间(图3-47)。正房主要用于接待及典当贸易,厢房则用作储存货物及当铺中掌柜住宿等。当

图3-46 徐庄镇当铺院外立面

图3-47 徐庄镇当铺院北院之后院

图3-48 徐庄镇当铺院三道大门及前院　　图3-49 徐庄镇当铺院第一道大门防御系统

　　铺院是当时戒备最森严的院子，平时院中都有伙计手持木棒昼夜巡逻看守，一般人不得入内。典当东西的人也只有经过前院的请示允许方可进入后院正房。当铺院设有三道大门（图3-48）。第一道门由石块发券而成的拱形门洞，设有高高的门板，每每入内都须费力跨入，起防水的作用的同时也增加院子的威严性（图3-49）。穿过第一道门后还有更加严密的第二道门和第三道门，这两道门位于后院倒座正中开间，为过道式门楼，前后两面墙之上开大木板门。

　　当铺院南院相对有些简陋，由于正房开间较多，占地面积很大，主要为当铺院内伙计

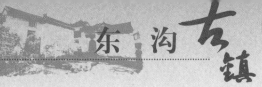

及远方来做生意的商人提供住宿。院门高大，供运货的骆驼出入及寄存院内。现在当铺院南院厢房与倒座都已拆除，只剩两层的正房。

(2) 牛屋院

牛屋院是正街中唯一一座保存完整、没有被分割的合院，民国时曾作为诊所。院落形制更像东沟村的居住建筑。院落坐北面南，正房上下两层均带有木外廊，底层石廊柱，上层木廊柱，柱础及栏板、额枋、挂落、屋脊均雕刻精美，有清代的风格，是徐庄镇中少见的装饰精美的院落（图3-50）。西侧厢房面向正街作店面，二层可与正房二层的外廊直接贯通。东厢房与倒座由于院落用地的限制紧紧相邻，立面也并不对称，大概是后代分家所致（图3-51）。

院落西厢房的屋脊花梁保存完整，上书："昔大清同治柒年乙丑月望柒日辰时上梁重修街楼上下捌间至修之后永保人口平安宅主 母植荆堂 石 梓匠 冯嘉宝 秦永义仝立。"（图3-52）

从房梁题字可以看出，这座宅院的重修时间比正街其他院落相对较晚，为清末同治年间。房梁题字的宅主亦非徐姓，究竟是谁不得而知，但牛屋院必定是外姓人氏迁来徐庄镇所新建的商铺。

图3-50 徐庄镇牛屋院正房

图3-51 徐庄镇牛屋院倒座及东厢房

图3-52 徐庄镇牛屋院西厢房花梁

四、庙宇建筑

徐庄镇最主要的庙宇建筑为关帝庙与老君庙,位于徐庄镇的最北端,毗邻而建,两座庙宇之间通过关帝庙正殿耳房旁的东侧院墙上的门洞相连(图3-53、图3-54)。其中关帝庙正对徐庄镇最主要的商业街道——正街,并与南端的舞楼构成了徐庄镇的中轴线,控制了集镇的整体格局。

1. 关帝庙

位于徐庄镇正北端,坐北面南,建筑面积约400平方米。背靠北堡墙,一进院落。整座院落由正殿、两旁配殿和耳房以及山门组成,院落纵深狭长。

正殿为一层,面宽三开间,两侧均有三开间的耳房,立面简洁无外廊。屋顶铺覆彩色琉璃瓦,屋脊及滴水兽头都雕刻精美。正殿规模很小,但其坐落于七级台阶之上,加之建筑层高较大,屋顶坡度陡,不但有效地增加了建筑的高度,并使厚重的建筑显得挺

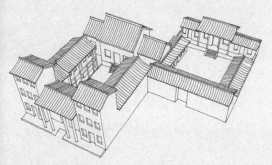

图3-53 徐庄镇关帝庙与老君庙

图3-54 关帝庙与老君庙相连的门洞

图3-55 关帝庙正殿与配殿

图3-56 关帝庙配殿与倒座

拔（图3-55）突出了正殿的中心地位。

两侧配殿为上下两层，五开间，都有外廊，一层廊柱用砂石柱，柱下配有精美的柱础，二层廊柱则为木质。配殿与正殿之间没有修建耳房，而是利用空地设置石质室外楼梯，楼梯直接通向配殿二层，同时在配殿与正殿之间的院墙上设有门洞。西侧的圆形门洞作为院落的侧门方便出入，东侧院墙上的门洞则直接通往相邻的老君庙。配殿与山门之间修有两开间耳房，耳房高度低于配殿，与配殿外廊相连通，算是配殿的延伸。配殿的耳房直接与山门两侧三层高的钟鼓楼相连，围合成一个完整的院落（图3-56、图3-57）。

倒座由山门与戏台合二为一，对外是山门，对内是戏台。由于两种完全不同的功能，山门以一墙之隔分为内外两部分（图

图3-57 关帝庙钟鼓楼

3-58）。墙外为巍峨耸立的关帝庙正门，三开间，当心间开门洞。外檐下立有四根两层通高的石柱，中间柱础为金刚杵覆盆上的鼓形础[1]（图3-59a），两侧为坐在须弥座上的鼓形础（图3-59b）。墙内则分两层，底层为封闭的倒座，二层为正对正殿的开放式戏台[2]（图3-60）。每逢重要日期，戏台都有节目演出，演员由钟鼓楼内楼梯登台，观众则从正门或侧门进入院内观戏，比较好的观戏位置则是两侧配殿的二层外廊上。

《徐氏家谱》中明确记载了建庙缘由，"以集市当大河之冲，故祀之，以求神人阿护"。可见，当初建庙是出于护佑徐庄镇商业之意。而关帝作为由民间人物演化而成的神灵，神通广大，又称财神，深受普通民众的喜爱。在商镇上供奉财神，更有保佑集镇繁荣昌盛、财富不断之意。同时关帝祖籍山西河东，所以，在此处建一关帝庙来护佑众人实是在情理之中。

图3-58 关帝庙对外的山门

a 金刚杵覆盆鼓形柱础

图3-60 关帝庙对内的戏台[3]

b 须弥座鼓形柱础

图3-59 关帝庙山门前柱础

---

[1] "金刚杵"又称"菱花纹"，在佛家，"金刚杵"象征着强大的力量和所向无敌的智慧，是佛教护法天神所持的护法兵器，民间多用以驱恶辟邪，在古建筑装饰中经常出现。
[2] 解放后，戏台用砖封上了，形成了一个封闭的房间。
[3] 解放初期由于关帝庙被用作镇政府，故戏台被砌墙封闭。

2. 老君庙

老君庙位于关帝庙东北，坐北面南，建筑面积约300平方米。一进式院落，院内建筑保存完整。老君庙的院落尺度较为方正，由于正殿及两侧配殿都为一层，院落显得更为宽敞、亲和（图3-61）。正殿为三开间，有外廊，位于五级台阶之上，两侧另有三开间耳房（图3-62）。耳房墙面与正殿齐平，但高度有所降低且无外廊，更加突出正殿的中心位置。两侧配殿独立设置，立面形式朴素简洁。倒座为两层，其两侧耳房与倒座高度齐平，正对正殿，颇为壮观（图3-63）。倒座底层正中开间为老君庙大门。

太上老君专门负责炼丹，无论是烧陶制瓷冶炼，抑或是挖煤采矿，全部属于太上老君管辖范围。因此，东沟古镇在诸多神中专门挑选太上老君来供奉，重要目的就是为了祈祷其护佑东沟冶炼业的繁荣发展。老君庙正是东沟冶铁业发达的历史见证。

图3-61 老君庙院落空间

图3-62 老君庙正殿

图3-63 老君庙倒座

附 录

附录1 碑文选录

1. 重修白龙王庙金妆圣像碑文记

壬子仲夏，自郡城旋里道，由伊侯山麓路，越老龙峦头，穿谷历岩脉，秀景殊忆其间，殆有隐君子乎？方欣赏之未已，忽烟火以相继呼。农人问：庄名？佥曰：东沟。稔知济翁徐亲家笾舍之，遂造焉，童子入报，主人出迎，日将晡乃止宿。未几，携主人举步游园庄界，达庙宇，扁书白龙，故知为龙王庙也。入而知敬见，夫纷纷者，尽是鸠工庀材之俸穰，穰者，金属凿椽朽塓之侣。盖此都乐善好施，故为重修更新举也，及夜，酬饮余，话桑麻，论子史，翁倏请碑志。余曰：俟竣日不敢辞。及岁甲寅丹□绚烂，金碧辉煌，复命作志。余方思亲家辈学富武库，紫电青霜之句，才高风云，画雕龙绣虎之技，辞，益力请，益□，情不获已，抡渐濡毫。且此地有崇山峻岭，前环后绕，更兼清流激湍，右带左映，聚气凝神，天地之钟英毕集，峰回路转，造物之姿秀横生，而神适位乎其间。将庇民佑国良为甚便，则建圣设像，岂非宜然美哉？华台迥榭青霄府，西径迥廊碧游宫，假拓与真龙斗奇，庆云共彩云争辉，高□俱准箕毕□／小咸依坎离，物华天宝，人杰地灵，卜市卜年沾圣德，无小无大沐神恩，竭九天之福禄，俾合社之贤明。然天每因材而笃，岂人不存心於，如仁行见，强弗凌弱，□不傲贫，敬老慈幼，济困扶危。屋漏不欺于天，地隐微可质本，依诸鬼神庶社，视其永固，则室家可常兴。恭疏短引聊为志云。

丙午科举人检选知县陈乡撰文言
时大清雍正拾贰年岁次甲寅七月孟秋吉旦
邑君序生徐为梁篆书

2. 东沟合社同乡地公议永革赌博禁约

赌博之有害，人尽知之。胡为，而人尽蹈之。盖愚昧人等，冀获一时利于已，遂遗无穷之害于非止。人受其害，破家荡产，而自己之图谋，倏来倏去果□。像勤俭人家，绵绵远远做生做埋，安然久享，不落匪类之名哉？念至此，犹不知所□乎？兹因村中赌博不绝，公议禁革不意。立禁之后，忽有犯者，罚戏三台。忆此成吾村例矣，吾愿村中永断祸根，不再犯约，相率而归于正路，合村幸甚。

乾隆五十二年合社公立

3. 徐庄镇大庙山门告成记

从来善作者期于善成，善始者冀期有终。吾镇濒河而处，溪流萦于左，长水绕于右，而一方之祷祀而求，则有关帝庙者，实当大河之冲。前人念其故址洼下，栋宇倾圮，爰定舍旧图新之议，度地基，正方位，兴土木，经营区画者历有年。所岁乾隆壬辰夏，河水暴发，决堤坏屋，弹丸之区，其不没于洪波巨浪者，仅俟赖新成之庙分杀水势，故虽遭河患，而客商无恙。当被灾时，人情汹汹，众口腾沸，与我争此镇者，几欲移集他所，而熟知吾之市肆，不惟安睹如故，抑且视昔有加。嗣是而后，商贾日盛，市宅改观，督神工者因而愈力。延及己亥，正殿、角殿以及东、南两庑，先为施之丹雘，金碧交辉，巍然壮观焉，惟是山门未建，体统弗称，不能无俟乎再举。盖工费浩繁，前之力业已疲，后之力难为继。乃者，商贾欢腾怂恿，神事之家乐观其成，而余族之凡有市宅者，亦皆同心并力，念本急功。用是鸠工庀材，一举而山门，钟鼓楼并下东西廊房，甫一载而次第告竣。嗟夫，重修圣庙之举，越二十余年于兹矣。其当日率先倡首、竭力勘攒者，大都皆老成持重之人，近年以来，渐次凋谢，冥啼过半，而告成者，乃在今日。由后而观，规模之宏整，气象之堂皇，实权舆于先氏也。抚今追昔，敢忘所自欤？虽然，通观厥成，作者之志也；克成厥终，创始之心也。前之人有待后人，后之人不负前人，则经理之勤劳，与布施之功德，皆不可以不志也。爰综其始末，而为之记，俾后之览者念神贶之宜答，知成功之维艰，亦将有以修其废而补其坏也云尔。

邑廪膳生员徐方堡撰文，
邑增广生员李永清书丹

督理人：徐士奇、徐梧

监理人：徐维成、徐业熏、徐永孝、徐士炘、徐方堂、徐那居

协理人：徐业焕、徐业煜、徐业灿、徐业炘、徐业焊、徐承尧、徐方垲、徐士林、徐士瑞、徐希孟、徐梓、徐杰、徐桓

协理商人：辅兴号、蔺盛号、寿生号、合兴号、大义号、二义号、宇盛号、发升号、同盛号、极昶号、协顺号

布施香资姓氏列后：

徐氏合族银三百两、仁和店银三百两、辅兴号银百七十两、宇盛号银百一十两、大顺号银七十二两、义顺店银四十两、夫义号银四十两、丰裕店银四十两、寿生店银四十一两、恒裕典银三十两、兰盛号银七十二两、世隆店银二十两、合兴号银七十两、大兴号银二十两、德盛号银三十两、季升号银十二两、义兴店银十两、同盛号银十八两、极昶号银十六两、三义号银二十四两、三顺号银十四两、发升号银十七两、广兴号银八两、协顺号银十三两、德盛号银十二两、洪泰号银七两、牛旺银九两、通兴号银六两、兴盛号银六两、冯永安银三十两。

万成号、徐立业、建恒号、义成号，十两。明德堂、泰兴店、魁聚号、六畜行、复兴号、张永德，以上各五两。

禄盛号、王恺、三盛号、永丰祥号，以上各银四两。

义顺号、德盛号、从兴号、三顺馆、美成号、缙盛号、太和堂、陈饭馆、韩大店、通兴号、合盛号、复盛号、和顺号、袁景法、山河馆、史洲、雨化堂，以上各银三两。

广济堂、安饭馆、宋进仁、延良、王正昌、复盛斋、马染房、延让、延温、裴饭馆、李天兴、延恭、周义生、崔饭馆、延金禄、得盛号、张武、吴瑞、中和号、徐诚全、田庄全、全益号、延金福、马惠利、焦金荣、德兴号、天成号、四合馆、卫兴武、和顺馆、裕合斋、公盛号，以上各银二两。

积兴号、继成号、蔡宗周、惠馥、西盛号、三义茶房、程玉凤、孙裁缝、耿敬、阎思顺、冯昌、秦宗财，各银一两。

恒兴班银二两、永太店银二两五钱、成宇号银一两五钱、冯肇龙银一两、乔元银二两、任国良、李如英银三两、陈有祥银二两，以上俱布施。

天顺号钱六仟、斗行银十二两、鸣泰店银四两。

阳城县知县李元坦银四两、定南厅同知赵培源银二两、东沟社银十两。

峪南社、贺跋社、周村社、魁盛号、义顺号，以上各银三两。

辛壁社、史村社、永和店、咸成号、李广，以上各银二两。

贾泉社、东瘀社、西瘀社、常坡社、南平社、范庄社、上村西社、德玉号、祥裕号、大兴号、王士荣、王懋元、徐光禄、王国英、王魁廷、李进银、刘宗随、冯文锡、石金凤、司正乾、迎祥观、双义馆、宋玲、吴建印、李守玉、张存仁、王银、老拾成班，以上各银一两。

冯正宣、冯文复、冯文明、冯永体、冯永师、冯文炜、冯文灿、冯永红、冯正玺、冯文礼、冯文仁、冯永伦、宋廷用、赵文玉、建恒号、永升典、义合号、王棐、大益号、李义盛、常福星、常法尧、长兴号、金太号、庞允文、马文贵、宋建居、统太号、王端正，以上各银五钱。

冯文和银八钱，冯文聚银八钱，赵佩生银四钱。

马思新、马文田、马文聚、公盛号、公兴号、焦大涝、焦太有、上元恒、段龄、冯永静、冯永宾、冯文祥、冯守业、冯永林、冯永宁、冯永智、冯文迎、冯永调、冯文崤、冯文斌、冯永祥、冯永焕、冯文宗、冯永澜、冯永谱、李有积、常端、李可纶、徐学孔、李学思、蘭盛号、赵文葵、陈实杰、赵清遴、合昶号、王世太、宋续昶、刘君佑、芦得法、常百川、李守全、史村世隆、李君甫、赵霞章、赵鋥、马文居、马世让、常福元、五合号、同盛号、魏局，以上各银三钱。

聚顺号、原法、李永积、邹得瑞、常恺、容昌号、忠义号、张永纯、冯肇龙、太平观、徐宋仁、德聚号、软裕盛、顺兴号、冯文全、赵执蒲、赵谦恒、陈子仁、李德勤、赵相贤、原宏、刘德官、李耀先、久太号、冯毓、协泰典、聚盛号、关秉利、关殿华、赵文苞、陈兴、陈云阶、苗琮、王智、王朝钧、王朝旺、王朝玉、常增业、王世德、王登、王建孔、王宁、王焕、王思忠、万成号、天顺号、樊淳、张喜才、大成号、吕斌、广信店、宋贤相、宋贤才、宋贤德、宋显荣、宋聚宝、宋君正、宋思恭、宋作兰、宋广得、宋建极、宋建统、曹锡兴、宋学孔、宋毓沧、张振甲、段成君、段广玉、李秉仓、冯二保、辅丰号、王振业、正阳号、常福岐、常增礼、常节、常铬、常典、常九典、张树勳、李鹤麟、王存道、张可弼、李赓唐、李儒英、任国良、成顺号、李怀谦、李鸣谦、公顺号、西盛号、任九松、常志、阎见节、阎见锡、阎荣、李太祥、申文广、申文炜、关尧宗、关兴相、关大立、关士平、白锦荣、申恒昌、关继忠、白永和、关恒生、贵兴号、白其栋、白显荣、王玉理、王保库、王兴仓、王自成、和兴福、王成贵、王传鉴、王儒、宋开山、天太号、义聚号、李如轩、李多庆、洪广、李本怀、万成号、陈兴、关麟、韩永昌、王仙、宋文孝、原渊、张振铎、关台敌、宋绍仁、福高、朱永俊，以上各银二钱。

李甫佐、关如金、李文有、石守信、李秉仓、李合盛、李有积、常瑞、赵全、宋建元、徐宗尹、宋佩、焦四源、朱永顺、信成号、焦宝坤、焦洪坤、焦洪伦、焦守儒、焦九怀、焦如涛、焦如洛、焦海沧、焦淳秀、关天锡、关兴礼、赵世坤，以上各银一钱。

庚能社钱七千、马村社钱二千五百、平头社钱二千。

李庄社、关庄社、下鹿社、岭南社、段都社、成庄社、上村东社、王庄社、马坪头社、六畜行，以上各钱一千。

三合号钱一千、马文仓钱一千、白家庄社钱六百、王屋山社钱六百。

稽庄社、东烟社、马文英、王德壮、成建勋、安趄、张懋，以上各银五百。

中角社、马文井、常大有、常在翰，以上各银四百。

马佚锡、王聚、褚士中、徐万祯、马照会、嵇朝庆、李白法、王天庆、王者俊、王者怀、牛松奇，以上共钱二千。

李兴举、李兴法、李兴隆、李兴甫、李有库、胡玉镇、郭如旺、梁通武、郭有望，以上共钱一千三百。

　　吴学义、士振、吴印万、吴永耀、刘君业、吴恺、吴得祥、吴通玉、刘秉忠、吴通会、吴培君、马君助、马文恺、马育廞、马文收、郑法伦、焦正元、史如尹、周培重、王甫旺、王自瑞、王自连、马士孔、杨二、张振新，以上各钱三百。

　　吴通昱、吴春藩、吴春萌、吴春龙、吴永直、吴永银、吴福育、宋文善、三太号、赵耀宗、吴永寿、吴永青、吴永德、吴仁海、吴永彬、杨子富、刘学礼、张佟水、宋广锡、常大宗、赵公普、赵琢、王璋、王自甫、王甫连、王甫堂、王育兴、王进玉、王进义、王国忠、王国太、李太福、李太祯、李太祥、李太安、李太佩、李太富、公顺号、李旺、王育昌、王九万、杨二、张鹏飞、胡连国、胡连太、郭满仓、卢思敬、李太禄、徐学孝、赵满库、景怀智、王九龙、王九和、王九忠、赵得海、景永德、司正怀、王九瑶、李宗垣、李德勋、李培成、李洪喜、李通、李国甫、李春和、孙林、李进上、吴昌有、裴子顺、李国玺、李随昶、李随荣、冯玉宽、李唐兴、李奇昌、李宗谅、李大庆、王者本、李文玉、赵玉生、王昱、陈德旺、刘世旺、车永和、刘纶、刘渭、刘兴礼、陈得荣、赵贵、刘兴义、李厂元、常在勤、马广兴、马广泽、马文玺、李有福、马文林、原桂山、郭聚宝、马文臣、郭成旺、郭聚金、史如宣、卫德义、赵库、赵必甫、宋子汉、周培良、周培业、周培建、周舜、宋兆彬、宋子钢、张玉珍、张玉宝、原思和、原安、李广绪、原珮、原育、李有勤、原思润、原广顺、刘坤有、宋金铭、王德、王育银、王育臣、王育朝、王廷玺，以上各钱二百。

　　常在唐、李文斌、常在广、李秉植、常在宽、常增佩、常增玮、常增汾、天盛号、盛号、琦盛号、元华楼、陈右生、郭展、原荣昌、原库、原九恒、原本有、李天元、王九义、李怀明、东义兴号，以上各钱一百五。

　　原宏、徐立义、刘得才、朱建丙、刘芳智、石守君、刘芳积、徐廷谅、李存先、刘存舟、刘景德、石景文、意合楼、关秉诚、关学广、成继林、福正、王庆有、王金义、王育、复成号、永成号、隆兴号、王智友、美全号、李万宝、李成鉴、李法科、李法起、李本立、李天文、李立业、赵祥麟、李兴枝、李天富、李宗成、李通印、赵颙、李通富、赵润、李永良、赵文俊、冯建富、赵玉公、赵起、李天喜、赵正有、赵顺、秦祥林、闫端旺、宋慧然、李建云、李裕甫、杨德水、宋克尧、宋广然、永顺号、王应法、久成号、三和号、陈秀礼、文运号、多盛号、张敦聚、李崇义、惠谚、刘贵廷、李广锡、周凤岐、李九锡、李生堡、周大顺、周大明、李恩薄、宋天甫、传朗、东合盛、公兴号、积兴号、继盛号、傅口、傅应、洪宝、冯正良、冯永堂、冯永富、冯学公、冯正举、冯来亮、冯礼义、冯正典、冯正福、郭得居、王有增、牛锡田、史愈、史悦、王华观、东代、常志法、朱建兴、李洪辅、李洪官、李洪仁、李永懋、李永积、李永均、张思正、刘君存、韩来顺、刘芳举、孔照瑞、刘芳贤、徐天信、李允秀、徐文喜、徐玉书、刘芳春、刘得位、程存得、刘锡璜、刘锡潘、李堂保、徐自广、徐自英、李可伦、李遵先、刘得名、李聪、李允真、李合先、李孝先、徐学憨、徐二酉、史自扬、刘德府、刘芳旺、徐文凤、徐立功、李松枝、石金凤，以上各钱一百。

　　宋栋梁、张真、甄禄荣以上各钱八十。

　　以上俱香资。

　　补遗：

　　收大兴号银九十两、寿生号钱四十四千二百、仁和号钱二十二千一百五十、德玉号钱七千二百三十，俱系条行布施。安东庙、蕃广讫、裴文孝银二两。

　　徐文孟、张七、李九金、李天性、李须，各银五钱，系捞梁。

　　冯肇仁、李洪辅、李耀先三家施杨树一株。

　　原有禄施椿树一株、李耀先施槐树一株、大益号施柴二千六百觔、李存仁施山门扃键全付、常福

元施所质白沙地十亩、原质业施银五十两、李怀瑾施白沙地五亩、魏针工施执旗一杆、赵琮壁施银五十两、徐诚顺施银七两、三和号施银十两、永升典施银十两、聚顺兴施银十两、李怀谦施银五两、田故衣铺施银二两、永顺号施银五钱、苗二施钱一千、公顺号、延恭、洪泰号各银三两、王恺、得盛号各施银二两、升顺号、积顺号、复盛号、魁聚号、田五、德兴号、复盛烟口两。

　　住持：迎祥观道士梁本源
　　石工宋美章镌
　　时乾隆五十五年岁次庚戌仲秋上浣之吉勒石

（原碑现存大东沟镇关帝庙）

4. 东沟社永禁打洞碑记

　　从来木有其本，水有其源，培其本而木始茂，亏其源斯水必涸。溯吾村之龙脉，由东北而发；吾村之水源，亦自东北而来，由东山一带村庄，缺水者多至于吾村，则井冽泉甘，人享其利，由来已久。又村东有海眼一处，秋夏雨集，水即长流，是吾村原非乏水之区也。自嘉庆年间，甘雨频降，而泉水常缺，人咸不知其故。及道光六年，井泉数圆，无一处有水，人心鼎沸。彼时村东有洞口两处，传言有水。于是集众往验，始知脉水果尽泄入洞中，因思民以水为生活，有洞不过一时微利，无水实受无穷大害，行洞只为数人身家之计，无水乃合村不时口议。禁止两家行洞者，即刻停工并议嗣后，村中东西南北地界以内，永远不许开凿洞口，如有故违者，罚地三银五十两，罚行洞者银五十两。非故为是严禁也，亦欲吾村山脉□□□□，清井渫占□，居民受福为是，勒石以垂不朽云尔。

时道光七年岁次丁亥仲春

5. 重修庙宇创建拜殿碑记

　　窃思事无大小，业无巨细，其已成之于前人者，后人当负改进之责，其为前人之所无者，后人宜荷创建之任，故孟子谓创业垂统可继也。若曰一劳而永逸，则昔之丹垩者，今将变为瓦砾之场矣，今之璨烂者，后必流为荒芜之地矣，此吾村改修正殿、创建拜殿之不容或已也。夫吾村，立伊山之西，入阳阿中流，居民凡百余家，而春祈秋报，则在村中之白龙王庙，其由来久矣。稽其创建之时，则远在明万历中，斯不过一低矮之小庙而已，至清雍正十二年，重行改修，始有可观，同治九年，徐公祥亭等又将下庙之舞楼扩充数丈，东西各增楼禅房上下六间，嗣以岁侵，暂时停工，至光绪十六年，余祖吉甫公等又以舞楼高于正殿，因将舞楼之脊拆去，改作卷棚，始仅相称，及宣统三年，徐公琦圃等又将照壁外退数丈，并增修左右配壁，而下庙方楚楚矣。惟上庙自雍正十二年改修后，至今已越二百余年，中经风雨侵蚀，早不足以妥神明，而有待补修葺者。兼之殿宇湫隘，形甚矮缩，更不足以壮观瞻，而有待于改进者。故吾村首事社首徐公、阳明村副文谟等，于去岁祀神之余，触目警心而有改修创建之议也。□大厦非一木所支，众志始克成城，若仅恃向积之有限基金，未有不中途停歇者，故又敬修缘簿，广为募化，而鸠工庀材，土木以兴是役也。村人之上焉者日夜竭诚，负经营之责，次焉者奔先恐后，尽臂助之劳，阅一年而工程告竣。其正殿则较旧，有者高加数尺外展数丈，东西两廊各增五间，即昔特未有之，拜殿变高立于正殿之旧址，又加丹青，璨然改观回溯昂特，式微者诚加之倍矣。又以山神土地不宜祀于本庙也，因将山神庙改建于村之东原土地庙，另筑于村之西郊者，正成之于前人者后人改进之也，其为前人所无者后人创建之也。将见以此妥神，神其来凭而降福无疆矣。惟首事者日夜从公，宜宣其劳，捐资者解囊襄助，宜彰其德。而改修创建之时日，与鸠工庀材之费用,又当告之于后人。是则其贞珉之不容,或无也。故首事诸公于工程告竣之日,即索志于余。余以首事诸公,既惨澹经营于前,捐资诸公,又解囊勷于后,区区碑志,余拒敢以不文为辞乎?用特握管缕陈以资不朽,亦以冀斯庙之永保辉煌而流为瓦砾也。是为序

时中华民国十七年岁次戊辰小阳月下浣之吉勒石

附录2 徐氏家谱

徐氏世系谱序

　　余家先世云，系本州南寨人，厥后自南寨分居岭南，后自岭南復分居于东沟村。然皆得之传闻不可考也。迄今祖墓之在岭南与在东沟者，春露秋霜族之人虽废拜扫之仪，然世达言湮其达世祖之讳与字责不復确有考据矣。呜呼，为人后者□□达世祖之讳与字不　确有考据也。心有隐恫矣，于是就碑志可凭者，遂以高祖为始仿造克復先生谱法，创修家谱一册，以五世联络为一图。上乘高曾祖考，下统子姓曾元。大宗小宗缕纤不乱。庶几来世有所考据云，吾因是有感矣。慨自人情不古习俗浇漓，异性者无论矣。即以同宗共祖之人，强欺弱者有之，少犯长者有之，且贵凌贱富傲贫者又有之，独不思今日之视若涂人，而奈越遇之者，犹是当年之一身乎。以一身而自相鱼肉也亦忍甚矣，自有此谱而岁时伏腊讲明，亲亲一体之谊，将敬宗睦族之心有不觉油然而生者，则谱之所关又宁仅传□□□□是在族之人共勉之，后之人共勉之也。
康熙戊寅小春五世孙绍远序

徐氏重修世系谱序

　　家必有谱以著代也，且前人之讳与字后人得知避忌。而同案共祖一体，相关无不□谱之，递传以维持于不替也，若是则谱之所关，岂浅鲜哉，所关不浅。则吾徐氏世系之由来，出自何代，里居几为迁徙吾辈，胡不辨也。非吾辈之不辨，前人已有不能辨之者，□□□因念先世湮没远者不可復问矣，其近者赖有五世祖闻衣家谱一册，自文宇公一脉缘起，分三派继继承承迄今可据。呜呼，为人子孙既不克上溯，前代使祖若宗之里居，名字不至澌灭。其幸而存者，又安可不踵而修之，□读是谱者。□□□之子姓繁衍。皆当年之一脉相通乎，今谨续先绪以□世□传，上有所承，下有所统。先长门、次二门、次三门，世匕不紊。有志者，世守而表彰焉。则后之视今不异今之视昔也。斯诚续谱之志也夫。
乾隆己亥□春之月重序
七世孙，承尧，昶，维城，业熹，永思
即八世孙，方堡，士楷，方玺
九世孙，秉仁，杰，炳文
仝谨书

重修世系谱序

　　从来能作者期于能成，创前者犹赖继后，此必然之理也。余徐氏徙居东沟已有年矣。自五世祖绍远公，创立宗谱，推尊文宇公为始祖，续至八世。此绍远公之美意，后之人所当遵道而行者也。塾意因循□□年及余之身已十一世矣，又值光绪丁丑戊寅之交山西连遭大侵，米麦价四斗万钱，梁豆之价八升□金。男妇离散，竟至东奔而西逃，老幼饿殍，不免当路而遍野，则凤邑之黎民得□□□，不过十之三四矣。即余徐姓族中，亦不免逃亡过半。此为救死而恐不瞻奚眼著宗谱式，今岁新正月值合族聚会之倾。有□祖熊飞与族叔可贞言及著谱一事。免当恻然曰，此余所欲为而未及为者也，是先人□

能作吾辈不能成也。先人创于前，吾辈未继于后也。余久荒笔墨，因尊长之命不敢以不文辞。遂与堂弟交泰，邀同合族逐世恭。此不过上绳祖武立谱之意。下子孙敬避之心，惟望合族子姓诚能体亲亲之谊，知一脉相传而不至亲如途人。此余之厚望也，夫爱是为序。

重修家谱续记

窃以承先志，即以昭来许，前人创造于前，尤赖后人继述于后也。吾徐家世居于东沟，历有年矣，考之旧谱一叙于康熙戊寅，再叙于乾隆己亥，直待至光绪己卯，再为之一叙。迄今又数十年矣，简编断绝残缺失，次不堪翻阅，因邀同族长重为编修，命余为序，余笔墨久荒，且孤陋寡闻，安敢承命？但义不容辞，祇得献丑，因援笔聊叙原因，以期不忘云尔。

例言

一世系：先将原谱恭录于首，后将自光绪己卯年修谱后，所生子，姓曾元增入册尾，以期一日脉贯通，生生不已。
一村图：将我族所有地点会具一图，以示子勿忘故土，非有特别大事，勿得轻易迁徙，以致忘本，云狐死正邱首，即此谓也。
一功名：我族功名，清代以前不可稽考，清代当特亦未大见达。谨将所有之举贡员及职员列表记录，非以我族微名示于人聊为。
一记以励后人
一资格：自清帝逊位时，势大奁改为中华民国，其官制为之一新，我族亦仍未大见发展，遇于稍有资格者各为记录，以启现在子弟竞争之心，免落人后。
一艺文：将清代旌表节孝名人题赠我族，碑铭及挽歌诗篇并挽联，以及族人著作论说对联及新诗，录之于后，以为子弟之读书者藉以观摩。
一集志：我族要事，凡有关系管理地方主权者，俱载旧谱，兹特别录为一册，以免必用之时，前后翻阅，昔中华民国十四年阴五月十一日。
十世孙，可立，十一世孙，志学九昌，十二世孙丕，承显基，十三世孙，学海之敬。世勋全谨续

徐氏家谱艺文附志

清贞妇张氏碑记　　直隶武邑县令郡人赵嗣彦撰文

贞妇张氏守备张广土之女也，康熙甲寅许字生员徐佰次子弼世，至乙卯未过门而弼世夭亡。女闻讣悲号欲往吊哭，然母惜如掌不令去，阴改许范姓，迨范姓子羔雁至，女迨知，痛哭欲毙。母曰：我耄矣，如若此，我请先死。女唯唯届期，众女眷纳轿中，亦不阻。异至中途，女阴自缢以期毕命，不意被从人惊觉，强拥之以去。至范门止不进，疾声谓范子之父曰：汝家曲丰富，汝子何患无妻，我隐忍至此者为母老耳，令乃逼我寡妇，汝记左矣。遂去吉服，裹缟素，上下缝不可解，观者逾百人。两家知其志不可夺，相商善处之方，议立退婚之约，是时去家既远，天又黄昏，不能遄返。不得已，近送其母舅处。其母迨知其女决意矢贞。乃听妇徐守节，于丁巳清明节遂躬褒扬，以为上古之高风，足作近今之砥柱。时经一载，魂已九升。同穴之志既伸，盖棺之论已定，事业入于通志。止遍，傅于学士大夫，迹弗镌于丰碑，未敛谕乎富人之女子。爱磨片石特翌通衢，演通志之文，使街坊可以共晓。

诠徽音之绪，俾田野亦得通知。览者既喻伉俪之情深，听者亦识伦常之义重，庶芳□永著千秋。腐朽不同于草木，而□履常存奕世，峙流直共于丹行矣。旹

康熙二十三年岁次甲子秋七月中浣之吉

又志

弱世中殇，聘苇町张守备之女。未及婚而没，女闻讣欲自尽，其母昼夜防闲，涛免，既而母改字范郎。将诸范门，手执利刃。厉声谓范郎曰：我徐家妇也，汝欲何为？我所至此者勉从母命耳，好好送我徐家可也？不然，但又一死而已。范知其志不可挽，仍送母家。后因清明节扫夫坟，遂敬执妇道，永不归宁，矢志而死。州太守今祖诚有贞妇索言引，陵川张邑候寄有扁旌，奖入泽州志，省通志。

旌表节孝记

月成公妻甄氏，年二十六夫亡无子，或谕之他。氏曰：我若改嫁，不惟死无以见亡夫，且谁为我奉姑嫜乎，遂矢志柏舟，扶幼侄为己子，以承宗桃，辛能葬埋翁姑，教侄成立。守节三十八年，清同治元年学政赐扁曰：松筠节操。

又

凌霄公妻焦氏，年二十八凌霄贾豫卒。姑老子幼年仅四岁，家贫无后度饮水茹荼，以织代耕。仰事孀姑，俯畜幼子，现年八十岁，已守节五十年。前学政黄以"贞节可嘉"表之。

凌霄公暨配焦儒人墓碑序

增广生员愚再晚甥宋　撰文

公讳鹏飞，字凌霄，徐念先公孙，友山公子也。念先公生子四，伯守成即友山公，仲丙成，叔有成，季月成。友山公生子三，次鹤飞，三鸿飞，长即凌霄公也。公幼好学，长能文。然因友山公向贾于豫，年迈无托。乃为公聘焦儒人。焦河村海屋公女，完婚后即从父经商，未几而友山公弃世。公遂克承先业，持筹弗懈。焦儒人生子可贞，即吉甫君。公以经英劳心竟捐馆舍，儒人闻讣大恸，屡欲尽节。亲族以姑老子幼为劝，儒人乃守贞立志。饮水茹荼，仰事迈姑，俯畜幼子，节孝之风，遐迩咸闻。无何，姑亦弃世。儒人努力营葬，又为吉甫公完婚。及吉甫君成立之时，而儒人之心血俱尽矣。吉甫入塾数年，因用度维艰，遂弃儒学贾。十余载克履旧业。儒人守节五十年，寿至八旬方终。余与乡邻诸公不忍湮没，呈禀干学宪黄公。蒙赐贞节可嘉匾额，以旌其节。迄今吉甫君生子三，长志忠，次志学，三志勤，皆俊秀。女三，并温淑。孙三，长积泰，三积祥，志忠出。次积义，志学出。子孙济美，家资日盛，非儒人之节孝所感，而致之者乎？兹哲嗣吉甫君立碑墓前，余为序。因儒人节孝堪称。故不敢以不文辞，遂志之，以垂不朽云。

按碑内所称**积泰即丕显**，**积祥即丕绩**，**积义即丕承**

吉甫公暨配刘儒人墓碑序

公讳可贞，字吉甫，凌霄公之子也。凌霄公弃养时，公仅四岁，家甚贫，惟薄田亩余，破屋六间，□母夫人焦氏教养，得以成立。年十四为人佣，积资数十串。乃自权子母，不数年而财雄一方，称素封马。公赋性刚直，每为人排难解纷，不避嫌怨，遇里中与利除弊事，尤不遗余力。所居曰：徐庄镇。即俗所谓东沟也。向产铁条，清咸同而后，条业衰。公乃创设义顺条店，整理条工，把增重□。持平，顾客纷至如归，条业逐见发达，至今公已殁矣。操此业者闲颂公德不置，光绪丁亥夏，地方弗靖。时县令儒公心芝，素稔公才识卓异。特委公为保甲长，一乡获安，及辛丑岁。缘拳匪余孽，民教相仇，县令王公泽生耳公名，委公充保卫团团总，维持一乡附近百余村，得免惨剧者，皆公之力也。事平课绩，为各团最，是可以觇，公之梗概矣。公自憾幼年失学，既长深自刻励，营业之暇，日守一编。遇文学士质问，刺刺不休，久之文理遂通。公有丈夫子三人，悉令入塾读书。其弟三子至勤，与余同入邑庠者也。公生于道光十七年四月未时，卒于宣统二年六月十三日午时，享寿七十有四。德配刘儒人，佐公起家，有梦光风。先公卒于光绪三十四年二月十三日巳时，距生于道光二十二年十二月初二日亥时，享寿六十有六。长子志忠早卒，次子志学志勤卜葬公于村南史坪新茔。乞余为文以表其墓，余曩设帐峪南。去公居仅隔一溪，朝夕过从。时令公之言论丰采，故知公莫余若，况重以姻戚，何敢以不文辞。乃□其懿行勒之 珉昭兹来许焉。

徐吉甫先生，豪迈性成，尚朴勤，重然诺，为邻里所推许。余前宰丹川时，有公事尝接见而器重之。今其哲嗣为表陇阡，余适重临斯邑，谨志数语，以为之赞。
咸同之交，良冶滞鬻，范蠡善谋，业敦志笃，
任寄干城，梓桑造福，保障一方，群情悦服，
能立能权，芳流兰谷，世希高风，式此清穆。
特晋三等嘉禾章，调署晋城县知事，愚弟朱鸿文敬题。

侯又沁邑人贾耕赞词曰：

伊侯之山东崭绝，阳河之水西百折。
山不崩兮水不涸，千龄万代徐君碣。
二等嘉禾章，国务院参事工行走，愚弟贾耕敬题。

上吉甫公挽联举人郭焕芝题（注同现癸酉）：

财充万镒，寿过七旬，连生令子，亲见曾孙，如此而终何所憾？
心慕十洲，神驰三岛，摆脱尘寰，超登仙境，于今虽逝已非几。

补遗：父怕，为子弼世，暨元聘张氏，未婚终节，合葬之墓，自立碑记；季子弼世，年未弱冠，岁乙卯将婚云亡，元配故明威将军洪都张公女。于归未赋，即矢志靡他，百折不回。越二载，丁巳朔日，节届清明，易服拜扫，辄入余门，克尽妇道，于戊午六月十五日以疾终，呜呼已矣。贞志始获遂焉，伊更挽章诔词，累积盈案，另付剞劂爰泐 郡守松陵金太尊，征诗原引于石以志，其引曰：贞妇笃生张氏，许配徐门将赋天桃，忽歌泷柏，移天义重，何须识面！春风没地，哀深岂藉，承恩暮雨，悲黄鹄而甘为独宿，睹紫燕而不忍单飞。乃慈不解罗鹊之吟，范郎旋作求凤之计，迫百辆之已驾，终

九死,以靡他不谅人只哀声咽,秋来旅雁非吾耦也。垂泪漱夜半啼鸣,铁石亦应摧肝,而冰霜于焉,遂志携羹,呼泉下失婿,彼其子今安在哉?易服侍堂工姑嫜未亡人,从此决矣。不佞职在维风,敢令香心泯泯;诸公情同为义,当期素节彰彰能。载笺而各赐其休愿,拭笺而绩纪其盛。

上敏齐公挽联　世弟苗培贞题

　　　　　　　阳阿四十里福造联邦而今已矣
　　　　　　　东汉数百家恩周邻闾可无憾也

又　世愚弟苗培仁题

　　为师卜佳城为父树墓碣。恨天不假年,竟而修筑未成。初志难遂,有子畊沃壤,有孙读新书,喜室现兴机,忽然教养遽断,素心全违。

又姻愚晚郭象恒题并序

　　岁几更符回思,同入黉官泮水,芹香犹昨日。年方曰:艾!何期遽归冥府。吴江枫,冷仰高风。予与先生同入,邑庠相得欢,先生好吟枫落。吴江冷询之曰:予爱其隽永耳。未几,予官游秦省,音问遂疏乙已请假,族里遇先生于郡城,旧雨重逢可喜也。乃曾几何时,而先生遽归道山,用缀节语,以志哀忱。

挽敏斋公诗十首　(今散佚不全)　李奉芗

记曾君志不寻常,造福村邻惠一方。此后谁堪乎众望,空留贤名后世扬。
记曾鏖战在方城,抖擞精神计独成。此后谁堪为敌手,偃旗息鼓不谈兵。
记曾视病在床前,刺刺清谈得病缘。一碗冷水饮酒后,凉冲心肺命难延。
记曾病殁系因公,村范催成不敢松。劳顿频加神智竭,拼将一死谢乡中。
记曾永夜话灯前,家政难平病已添。子有未婚孙更小,空愁老拙奈何天。
记曾树碣显亲名,努力修磨竟未成。此后一家齐建立,遂君初志乐佳城。
记曾口口灌羹汤,转眼寝帏作孝堂。老妇儿孙齐扑手,唤天唤爷叫爹娘。
记曾病至弥留中,唯我呼君声可通。不料分离才数日,恨成永诀泣西风。
癸亥八月念二日,契友李肖鹤滴泪和墨书赠。不知可达九泉否?粘之灵右以志,不妄云。

旅行香山　记族人之敬改作

　　昔吾从流俗之言,谓旅行能害身,心为是举也。实足放荡其形骸,疲劳其精神,率皆无补于事实也。而今始觉流俗之言为妄也。何则吾人潜修一室,终日伏坐案头,举凡飞潜动植,及种种矿物,皆托诸空谈,而未征诸实迹,是必偏游名山大川。始可于吾之平日所学,而一一为之确证也。故我校有念于此,于癸亥之春三月廿四日,各师长率众学生旅行于香山,先一日至阳阿镇,寓于镇之关帝庙。次日早饍毕,同登香山。余乃从众而上,探鹰嘴之奇石,饮虎跑之清泉。是日也,天朗气清,惠风和畅,仰观宇宙之大,俯察品类之繁,菉见巢云危阁,上出重霄,贵人高峯,下临绝壑。追风之燕雀双双,穿花之蛱蝶片片。北有上普通之塔，南有野生之池，诸多美景，览之不尽已。而金乌迫坠，玉兔将升，铜鼓喇叭一时齐鸣，遂整队下山返至寓所。复休息一日，诘朝归校。即援笔而记之，以示不忘云尔。

民国拾贰年(1923年)癸亥

岳武穆大败金人于朱仙镇论　　前人改作

朱仙捷，太史执笔而书曰：岳飞大败金人于朱仙镇，记其人，记其事，并记其地，似为宋幸，抑亦为宋不幸也。天下祸福之来，恒兆于不自知。明明是祸转变为福，明明是福转变为祸。如朱仙镇之战，飞以五百骑破金人数万之众，报捷之后，朝野相贺。以为中原沦没已久，从此可以恢复矣。而孰意贼臣秦桧主和误国，竟以金牌十二召飞还。遂使十年之功废于一旦，致宋终成偏安之局。是桧之祸飞，实以祸宋千载。下犹令人过其地而愤惋不已也。

孟子见梁惠王义　　前人改作

当战国之世，天下分争，各据一方。周虽有天子，徒拥虚位而已。各国诸侯，互相并吞，争城争地，日寻干戈。时邹有孟子焉，怀抱王佐之才，堪为帝王之师，欲行孔子之道于天下，而苦无用之主。义不欲轻身以往，见何独自青斋，而命驾向大梁，不遄征而见惠王乎。诚以惠王卑礼厚币招集贤人，故不惮千里之劳远涉梁国。此一见也非独为孟子幸，为惠王幸也；亦非为惠王幸，为天下幸也。何则想惠王于孟子必言听计从，推行仁政将见学校可与。而人文蔚起井田可正而谷禄平均，救万民于水火之中，措天下于　席之上。而反手之王不难先见于梁矣，而孰意惠王殷殷焉，惟利是图，所问非所学，使孟子不遂其初学壮行志愿。而徒有此一见，吾于此是又非独为孟子惜，而为梁王惜也；亦非独为梁王惜，而为天下惜也。

河东村重移修真武庙碑记　　前人代撰

当思前人提倡于前，尤赖后人保存也。村之西旧有真武庙一所，创时无稽其地。西临绝崖，下当大河之冲，每至夏秋之际，河水涨发，波涛滚□，来势汹涌。崖为急流所冲，频塌陷，以致神宇悬空，击崖无几。若不急为营谋，几何不倾覆而下，堕洪波巨流以去也。耶首事者，因邀同村众，协商社中，将神庙东，一切营造化费，均由社中按亩摊派，总共费钱一百六十串。交谱考之碑铭于清道光五年，因河水坏崖，即经移修一次，迄今百有余年。又二次移修也，申各工告峻。嘱余为序，余素不善文聊，即其实援笔以记之云尔。

第三高小校全体学生追悼敏斋公新诗　　前人撰

悲哉！敏翁我的师尊，竟飘然而长往，使我三高学生感伤。殷殷训导恩难忘，看白幡飞扬，我辈齐瞻仰。一生公德，功德无量，嘉言懿行江水长。

第三高小校学生旅行香山记歌　　前人撰作

1.阳阿河源出吴山，南流经建兴，终归泊水四十里，沙明又浪静

2. 撩沟水出香山，发自贵人峰，流经河东源泉寺，西北水来注
3. 圣王山泉有显化，左流会众水，经入中村叚长官，故里在其间
4. 柳树底涧水西来，枯树一株生摇曳，道周傍屋瓦，因之以名村
5. 南家山水自西来，流经史村寨，从下入焉史村河，东来自村南
6. 人材多莫若阳阿，张公武元，气壮山河平金川，威名震南蛮
7. 孟天官天下奇男，勋名垂竹帛德被，人寰总百官，执笏镇朝班
8. 裴尚书功业最著，声名遍四海，泽及黎庶千载下，犹令人佩服
9. 常芸阁翰苑奇才，极力除特弊恤民，救灾一时间，想望其丰来
10. 关鹤亭一代伟人，三荐阮元事，脍炙人口羡桃李，尽在公门中
11. 我同胞，大家旅行一路好光景，观之不尽整队伍，全上香山顶

重修本村白龙庙捐资录簿序　　前人撰作

　　窃思众擎易奉，独木难支。前人创之于前，尤赖后人继之于后也。吾村向有白龙王尊神祠宇一所，灵迹最著。每逢天气亢旱，有祷辄应所可异者。道光二十八年四月三日恭逢圣诞，首事者甫入殿中，见香案有红光如线，长不盈寸，蠕之以动，蜿蜒而行。忽霹雳一声，黑云翻滚，鉴狂风卷地，大雨倾注。香案红光忽巨若缸口，鳞角毕现，直乘风云而上。既而雨霁天晴，神物不知何往，乡父老相传至今，骇迓皆知。据此以观外国，常吾国龙马想象动物，其言诚不足信然，此犹得之，耳闻未尝获之。目睹或疑信参半更可凭者，客栈五月五日午后，轰雷巨电，暴雨翻盆，殿中忽烟雾腾飞，红光炯天，未几云散雨消，烟雾吸收，红光顿减。近视殿中，见墙壁皆有爪痕，人心惊异，我等以神圣，屡屡显化示威，吾民兴起敬畏之心，因而恩之。

　　神圣祠宇湫隘不堪，而且历年已久，为雨风所飘摇，墙宇率多倾圮，内不足以妥神明，外不足以壮观瞻。同志者欲扩充地点，重行展修，以崇圣德，以光祀典。奈工程浩大，计费不资，因欲广为募化，以期集腋成裘，伏愿四方好善君子，各输囊橐之余，共勷增修之举，则一诚而无贰斯。有感而遂矣，是为序。

中华民国年月日　董沐　敬书

重修庙宇创建拜殿碑记　　族人徐丕英撰文

（略，见本书附录一碑文）

设为庠序学校以教之义　　举人郭焕芝作

　　昔孔子曰：百工居肆以成其事，君子学以致其道，学即读书之地也。读书之地，即庠序学校也。孟子一生惟服孔子，其对滕文公之为国问，即本孔子之意，以告之曰：国欲治，非人才不可，欲求人才，非设为庠序学校以教之，不可独是，此意不特对滕文公，其对梁惠王曰：谨庠序之教，申之以孝弟之义。其对齐宣王亦如对梁惠之言，是庠序学校更为大国之所，宜惜乎。大国不行，而小国之君尚能虚心领受而欲行之，果尔则何异。武城一邑，而有泣歌之声耶，孔子若在想，亦莞尔而笑，曰：割鸡焉用牛刀？

设为庠序学校以教之义　　前人改作

　　文武成康之世，纯民俗义，真才迭出，诱掖奖，劝有以化之也。降至战国，干戈起而诗书废，世局几不可问矣。孟子生于其间，目击而心忧之。故滕文公以治国之道问孟子，即答之曰：设为庠序学校以教之，夫庠序校，乡学也，学国孝也。由乡而升至于国者，聪明俊秀之子弟也，其次亦可为农工商。故滕君果能如此，则野无游民，朝无幸臣，而无事不举矣。国岂有不治者哉？

题同前义　　前人作

　　昔孔子答冉有之问，曰：富之教之，诚以富而不教，则逸居者或不免近于禽兽也。孟子私淑孔子，即本孔子之意以告滕文公，文公使毕战来问，告以井田之法，又以设为庠序学校以教之告文公，是即孔子既富而教之意也。惜乎滕居齐楚之间，日畏其逼而未暇文耳，否则安见滕国之不可与乎？

题同前义　　前人作

　　周本尚文。自七国争雄，而天下遂变为战国。孟子于干戈扰攘之际，而急欲以文教挽回之。惜乎梁惠齐宣，皆以为迂阔而不听之者，乃区区小国之滕文公耳。而孟子不厌其小，且因其问而答之曰：设为庠序学校以教之。夫庠序学校，非即文武成康，所以教化天下之。旧章乎，文公苟率由旧章而行之，则械朴菁莪之化，安知不可以复见多士，济济人才辈出，或为栋梁，或为干城滕。虽小未必不大，即不大亦未必不以小国而抗大国，如郑有子产，而不畏晋楚，越有文种范蠡，而竟报吴雠也。况家塾当庠，处处林立，民知尊君亲上之义，即使之冲锋陷敌，当不至如邹民之视死而不救也。今天下遍设学堂，适与孟子相合。而宋时程明道先生，为晋城令，于城乡设学七十余处。晋城即今之凤台也，凤台立高等初等之学堂，其数已有百而千矣。庶几如孟子之意，而可望人才之盛乎？

卫文公论　　前人作

　　事莫难于初，创尤莫难于中。兴初创如平地，为山自无而生有，固非易之然，中兴则更有难焉。前人壤之，如大厦已倾不再振作之，则祖宗之基业，全无以见祖宗于地下。勉力经营之，则败尾颓垣，岂赤手所能为力者？非有强忍，其心刻苦，其身经百折而不回者。不能见功然，若初创，可行而亦可止也，卫文公当壹公已败之后，乘轩之鹊不知何去。衣绣之人，不知何往。余民不过七百口，车不过三十，虽齐桓公有所实助，而将伯不能常呼蹶地，还须自起。藉然大布之衣，大帛之冠，务财训农，通商惠工，散教劝学，接方任能，其何以振靡起颓而中兴乎？吾知其艰苦，备尝虽康叔武公之贤，亦未必加乎其上也，可谓难矣，可谓贤矣。

颍考叔论　　前人作

　　昔孔子称舜，曰：大孝称武王。周公曰：达孝诚以名实相符，词非溢美称之者，不为过，受之者，亦无愧也。乃左氏于颍考叔，而竟以纯孝称之，夫纯之一字，亦谈何容易乎？纯也者，自始至终无疵，可指之谓也，颍考叔舍肉遗母，特黩桑饿人一流耳，未足为异，即爱其母施及庄公，亦适遇庄公，有悔心而逢机构会，故得以片言相感动，若当与母相誓之。时而言之恐区区遗肉一事，未必遂能

格其非心也。况一朝之忿，忘其身以及其亲孝子，当知之矣。何以为一车而与子都结怨，卒被其害，而至子亡，虽变生不测，为始念之所，不及料然。总不得善于守身，以事亲也。君子善从长似不可，以为苛论，但人云亦云，随声附和，亦岂得，为议论平允乎？左氏谓石　为纯臣，吾不敢辨至于颍考叔，则终不敢谓纯孝为定评也。

杨墨之道不息孔子之道不着义　　前人作

昔孔子曾曰：攻乎异端斯，害也。已而未指异端，未何人杨朱墨翟，异端也。或曰：孔子时人。或曰：孟子时人。究未知两说之孰是，总之邪正不两立，如冰炭不同炉，杨墨与孔子其道相反，相反则相害，断未有杨墨着，而孔子不息者。故孟子忧之，曰：杨墨不息，孔子之道不着，但得此着，而彼息，则天下岂有不治者乎？

乐正子论　　前人作

向读孟子，于孟子之待乐正子。乐正子之事，孟子未尝不反复思维，叹当日师生之情重且深也。世道衰微往往有喜新喜异所陈相之倍，其师者有挟贵，挟贤如滕更之。傲其师者，甚有不以为德，反以为雠，如彭蓁之。害其师者，而乐正子则勤二悬，恳休戚相关不特庶。孟子于鲁，平足见事师之意厚，且能以情感使吾师问其为正，而喜其遇之，顺问其来齐，而怨其见之迟孟子，于万章公孙丑辈，未尝如此而独于乐正子，则情深意笃有加无已。焉于此见乐正子之，与师相契不啻颜渊之，在孔门也。师徒如父子真令人感之慕之，而不禁神往矣。

不备不虞不可以师论　　族人丕绩作

慨自皇降而帝，帝降而王，王降而霸以来，列国纷争，兵不厌诈。于是乎，堂堂之阵正，正之旗不复可见矣。生乎其时者，自当瞻前顾后思患预防，或不至如鸟之入罗兽之陷，井独然被害，而不可救。即如卫，以燕师伐郑，败于北制一事。当其时，郑之势孤，非卫之有外援，乃郑胜而卫败，卫所求助之燕师，更腹背受敌，而无所逃。其故何在，盖以其但顾目前不顾身后，未曾防敌人之攻我背也。君子曰：不备不虞不可以师，斯言也，似不暇责郑人之谲诈，惟专咎燕将之粗疏，其意盖欲行军者慎之，又慎如孔子所云：临事而惧，好谋而成，乃可以胜而不败耳。尚谋，不尚勇，阙智不阙，力战本危机，而谓可以忽乎哉？

郑为三覆以败北戎论　　郭焕芝作

鹰之，将搏兔也，必吞其声，而使之不惊。猫之，将捕鼠也，必隐其形，而使不觉。郑庄公得此诀，以行兵。故逐叔于京城，殪燕师于制，无非如鹰之搏兔，猫之捕鼠也。其御戎也，则更用三覆之策，以败之愈出愈奇，百战百胜。当其时五覆未兴，七雄未起，天下如庄公者，几无其人。而庄公岂有他术乎，亦善用其阴谋诡计而已矣。呜呼，行兵而必须阴谋诡计，乃可以制胜。亦可见世道之变者，非后五帝三王之伏义，执言正大光明也。观世变者，能不于三覆败戎一事，而慨然长叹也哉。

学而不思则罔义　　徐丕绩作

世有同堂读书，彼此不分者，似宜其文理亦不甚悬殊乃往，往一则理明辞达，一则如面墙而立，如冲雾而行，天昏地暗，茫无所见，何也？盖一则思，而一则不思也，思者不徒学，故学而有得。不思者但用力于呫哔耳，用力于翻阅耳，虽惟孜孜穷年矻，矻而用力不用心。故心仍一无所得也。子曰：学而不思则罔，罔之病由于不思，非由于不学也。甚矣，不思之为害深也。

子曰士而怀居不足以为士矣义　　郭焕芝作

士，为四民之首，有一乡之善士，有天下之善士。士类不一，而总期于才德俱备，品学兼优。隐则求志，行则达道然。非徒儒衣儒冠，逍遥于文坛艺苑中，而一无所事也。夫子门下弟子三千贤人，七十无非士也。而子则惕日玩时，不致力于圣经贤传忽忽焉，无异于庸流。否则希荣千禄结綦徒情于利薮，名场逐逐焉难期于英杰是俗士，非国士也。是摘句寻章之士，非经天纬地之士也。谓之曰：士而怀居不足以为士矣，斯言也不特如晨钟暮鼓，发人深省，亦且如半空霹雳，闻之即不禁毛发奕竖矣，何也？小人怀惠，小人怀土，及君子居无求安。夫子固曾言之，而未若不足。为士，一语尤令人心胆俱寒而夺气。平时游林泗登杏坛，以为在圣人门下，即足以为济之多士蔼。蔼之吉士矣，而岂不知一念怀居便于士之，一字不足以当乎。宴安酖毒不可怀也。管子亦曾言之，为士者，其知所惊焉可耳。

及是时明其政刑虽大国必畏之矣义　　前人作

按孟子，周游齐梁鲁宋间。惟在齐之时最久，其望齐之治平也，亦最切。盖齐在极东，秦在极西，相去甚远，不受秦害。韩赵魏楚距秦，近日受秦害，而不暇与齐争。燕小于齐，而不敢与齐敌，故常有闲暇之时，而可以明其政刑也。所惜者，齐宣王不能及，是时以明之耳。孟子著书立说，虽不必专为齐计，而所云及是时，明其政刑，虽大国不必畏之矣。其意实专注于齐也。使齐宣王闻孟子之言，而励精图治，则先声足以夺人。而不特韩赵等国，将奉齐为盟主，即虎狼之秦，亦必缩项敛神，不复动侵吞之念，何至一再传而遂为所灭也。呜呼，时不再来，机不可失。故曰：虽有镃基，不如待时也者固天之禄，而使之有为也。孟子谓王犹反手时，则易然于齐殆有厚望焉，而其如王方，及是时以盘乐怠傲，何哉？

地利不如人和义　　前人作

战国时，秦据崤函之险，以临诸侯。说者谓秦国，百二山河得地之利宜乎？其蚕食鲸吞，而卒灭六国也。然但论地，六国亦何尝无利乎？观于苏季子之说：六国以合纵，每上一策必举其东西南北之险要，而夸张之欣动之。其所云，云不必尽属卢言也，即以齐论，东至于海，西至于河，南至于穆陵，北至于无棣。管夷吾亦曾言之矣，乃不特干赵魏燕楚皆就灭亡，即地利如齐，亦不能常保其决决之势，甚至秦祖龙混一，四海亦不过传至二世，而即败其，故何也？盖有其地而无其人，得地利，而未得人和也。和气致祥，不和则祥，于何？有孟子曰：地利不如人和。使当日，齐宣王闻而信从焉，则君民一体，上下一心，临淄十万，众不啻一人矣。岂特坚甲利兵所向无前，即揭竿而起，摇仗而行，亦必百战百胜。而莫与敌，汉末袁绍欲争天下，必先据河北以为固。曹孟德，则不择地，而且求得人幸之，袁灭于曹，尽有其地，以假仁假义之好，确尚知利不如和，而勉于和。以和胜况实行，行仁义者之和，更足恃乎？

守望相助义　　前人作

间尝行,过山村水郭间,见夫老弱蹲踞于门前,少壮循行于陇上,树笼翠霭,地覆黄云,犬静卧而不惊,禽高飞而不下,以为此升平之象,太古之风,即孟子所谓守望相助也。夫守者,助望者之守家,望者,助守者之望野,彼此习惯,似亦日用寻常之事耳,而孟子特举以告毕战何也?盖当时七国争雄,万民废业,离户庭而转沟壑,弃耒耜而执戈矛。守家者驱之以守边,望野者迫之以望敌,茕茕泯泯,民不聊生。而滕独有意于井田,是真孟子之所喜出意外者,故不禁吐党乡邻互相资助之,说告之,夫安知区区小国卒,不能行徒托空言,无益于事。若使孟子生于今日,目视守者望者到处皆然,虽非井田之旧制而有安乐之休风,其不大快其意乎?

就有道而正焉义　　前人作

有道者,何也?言可为仿,行可为表之人也。孰有道者,何仰慕其人之言,交修而踵门见之也。就有道而正焉者,何恐己之言,不免尤行,不免悔而求正于嘉言懿行之人,以改正其过也。夫子弟子三千,贤人七十,而求其有若无,实若虚,且以能问于不能,以多问于寡,如颜子者,则寥寥不可多得,非狂即狷,非狷即狂。子恐其恃才傲物,而不肯舍己从人也,故特为之推称君子,使知君子之不自假满虚,以受人庶几动其羡慕之心,而恍然于卑以自牧,获益良多也。易经六十四卦,而惟谦卦之六爻皆吉,人亦勉于谦焉可矣。

无恒产而有恒心者惟士为能义　　前人作

三代以上之为治也,井里桑麻,教以树畜,使民皆有衣食之恒产,盖有恒产而后有恒心也。若夫饥寒逼迫而善心常存,岂可易能哉?孟子曰:"无恒产而有恒心者,惟士为能士。志于道,原不以恶食为耻,如颜子屡空,虽箪食瓢饮而不改其乐是也。"而人人不能皆然,吾恐无恒产则不免穷斯滥矣,欲行先生之政,可不使民皆有恒产乎?

旌表节孝记

可久公妻宋氏,年二十二岁,夫亡无子。其后该氏无日不在忧患之中,遂至食少心劳,赢弱不堪。时有霜姑劝慰,转念姑迈无靠,奉养乏人,遂矢志坚守,纺织奉养。未几霜姑谢世,乃竭力营葬。是后非耕即织,自谋食养,现年七十有六。计守节五十四春,县长奖给扁额。民国十八年菊月,晋城县,县长汤文焕奖给,曰节孝兼全,表之,悬挂罗门。此罗门本年七月敕修方门,费项系念先公祖。柏树坟,有柏树二十一株,卖价大洋三百零一圆,按二十分派账,二分重改修罗门,一分祭坟祖宗,一分宋氏做扁,以下十六分,志字辈,十六人分得,书为计耳。

上徐赵氏孺人挽联　　愚侄维张题

敦厚和平淑德音容宛在
端庄简默懿行模范徒存

徐氏家谱集志附录　　　照录徐氏旧谱创建村镇原因记

　　按我徐姓，自峪南迁居以来，先辈讳恒置买地址创修一寨，上建房屋多所，名曰东沟徐家寨。嗣因子孙繁衍不堪容纳，经我高祖讳斐，于寨之东方创建前中院房屋，北庭三间，东西角房上下各四间，立村名曰东沟村，考之花梁，系万历年间也。继而我高祖讳斐又出资营商，苋峪南刘姓领本执事，后因刘姓偶起不良，坑东霸本兴讼在案，经官堂断，本利如数清缴，后又经戬祖父讳敦仁，见我先祖遗地甚多，遂将此种资本收回，在寨之西建庙宇置市廛，请行抬商，名曰徐庄镇。又在古阳阿河边，建大王神，西角殿三间，以集市当大河之冲，故祀之，以求神人阿护。每岁陆月二十四日，徐姓入庙，合族敬献神圣。又我镇斗行，系由西岭头村请来助集，故于每岁正月初九日，由该镇社首雯备高供及蔬菜，通知我族同住西岭头村，酹神籍以报神德谨记。

族中修造关帝庙永契列后

　　立永死契，据文约人徐敦仁等，兹因先辈遗留地亩，自出财产，创建关帝庙壹所。庙前修造市房多间，共占平地拾五亩七分，系南北畛其地，东至寨根地，又至东小河，西至阳阿大河，南至我族徐姓地，北至大道。情愿立契归我族公有，纳粮应社，致于市房修占地拾四亩五分。今我族分为三门，各纳粮社四亩八分，惟二门多纳一分，以后宽展市房，占某门地即属某门应纳，周围地界各门各有契据，立永死契后，以悬交纳粮社，永无争端，恐口无凭，立永死契据存照。　　大清康熙年月日　　契存大王会中

　　总三门，自峪南迁来，偬墓久长二三门。总三门，总墓在村之西，场北槐树底，系由峪南迁来。总墓文字公讳文，立祖长门，总墓系在村之后，院骡门口北坪。震公讳发，立祖二门，总墓系在村之南，岭后东楼。玮国新立祖，按国新之墓，系属虚墓，契实葬在北坪。总墓为此者不过作存，徐敦仁双立祖，作始祖乡计也。三门总墓在西岭头，村之西，南地名，兴龙头即俗名老龙头，有碑碣五凌风，玮捷立祖以上四墓族中。十月一日，两节登坟拜墓，各纸一箔一坏之以铭不志。

徐庄镇创舞楼记客

　　按镇之舞楼，创修于康熙年间，系我族地基，故为我族所专有，是以该会。每逢酬戏时，该社首必先致会我族，集主到前，以免反客为主之嫌。

族中置买舞楼地址永契录后

　　立义让永远死契文约人徐绍远，今将自记祖遗本街地基一块，先四至，东至振世房，西至大街，南至克昌房，北至大街。同中说合，情愿让于本族公中为死业，任族中创修舞楼占用，当日同中议定，付我义让死价大钱拾仟文整，即日钱业两清，各无反悔。自卖永之后如有族争端，有卖主一面承管，不与买主相干。此系出情愿，永无异说，恐口不凭，立义让永远死契文字，存后为证。
康熙拾二年夏四月初三日立永远死契人徐绍远契，存大王会中

我族外徐分分门序辨

　　□□□□昔称壹甲壹门,我徐称上壹甲,二门,余徐称下壹甲,此故上沟壹甲之徐,至今称伊是头门,我徐是二门,下壹甲之徐是三门。说同是本族,殊不知此是昔年以承办门户差事,分甲分门非以本族分门也。

东沟村分四徐记累

　　按我族之徐,系由南寨迁后峪南村。创建徐家寨后,又由峪南迁而居焉。因之成村落置市镇,故有管理本镇地方之权,他徐不得过问。除我徐之外,壹徐居村之上沟,壹徐居村之南北,与我徐集处,一徐今已断绝矣。此四徐之别也,语云同姓是一家,安有同姓不宗之理?但年代湮远,不可稽考,故有四徐之别也。谨记其客,以俟后日为考证之据可也。

我族傅闻记

　　自昔傅我族长门,有子被嫡母虐待,逃亡豫之遂平县,后大发达,子孙繁衍,科第不绝。仕进至郡守县令,村内遍竖旗杆,立有祠堂,其先仕曾归来认同宗。我族以祸福未卜,挺至三日不敢冒认。因乞誊家谱以去,嗣后几我族徐姓至其地者,必邀至祠堂,请其年长者到其前询问。若能道出我族徐氏家谱,先祖壹各半讳者,即以同宗之谊款。留数日,临行赠以资斧。盖其祠堂有积息,专为我族徐姓来者馈送计也,我族人于清光绪年前亦有到其地者,曾述其事晷记之,以俟后日再为调查可也。

本村丈庙前遗有修祠堂地基记

　　□□□□庙前。有先辈买到修祠堂地三亩后,将此地基卖给本族二亩半,后义经瑞辐卖于本族可贞名下。现只存地半亩,有承办门户差事,账簿注明此宗之事,以备族中后日出能为之事者,创修祠堂占用。又先辈创寨建房,将寨门上建筑关帝庙,设立关帝会。每逢一年圣诞之日,入庙敬献神圣,以求神人阿护,报答圣恩谨记。

族中置买商人义地永契列后

　　立永远死契文约人徐大成,今将自记分到本镇南头,坡地叁亩两段。其地东至道路,西至大河,南至徐天骐地,北至徐廷锡地,西至井明。央中说合,情愿出死契壹纸,卖死契,族中公有堂为死业,认为公有之地,以作公用。遂即邀同商众,到前协议。着此地为商人寄埋义地。东沟村每年七月叁拾日起,有寒林神会,设放莲灯,以祭孤魂。每商一家协助花灯,壹对商中公允,同中议定作永死价大钱玖仟文整,即日钱业两清,均无异说。自卖之后,倘有他人争端者,有卖主管,与买主无干。恐口无凭,立此永远死契存后为证。此契系康熙年　契存大王会中

族中修理关帝庙永契录后

　　立死契文约人徐室范氏,同子业煜,因己身衰老子,债累累,日后必起争端,而且身后之事

无备。同中说合，情愿将徐庄镇大庙后原分到养老，平地二亩壹段，系南北尔，出卖兴本族公中□□□□日后修理关帝庙使用。其地四后先，东至徐维城，西至□□南至大道，北至大河，四至以内，土木金石并厕坑一目，上下横顺相连，任伊修理，永远为业。当日受过银壹百肆拾整，即日钱业两清，各无反悔，恐口无凭，立死契存照。　　乾隆叁拾叁年七月十五日　　契存大王会

老君庙碑文

徐庄镇地主为方炉条平商众为修设庙宇原委碑记　　　　嘉庆三年秋

老君庙宇观越二载，庚甲因听商众自行立碑。前方炉条车，创建题题，后刊被去地价字样，酿成讼端。合族具呈署县宰单父台案下，实批得该生等。族□众从前置买地亩，既有契据，今修整立碑，应刊刻生家捐银创修字样。其余商众，名姓出银数目，刊于碑后，永杜争端。至商众，俱系外来人民，不能为涂庄镇土著，何得？反以方炉条车为题立碑云云，并着候饬，查明将碑更正，以垂永久无何谢事。移交转任葛父台案下□。据差禀批示云云，既据查明，捐赀修庙，情由自应更正碑文，以杜争端。仍饬令三面处明，实覆毋任滋讼。嗣因商众争执，差唤审讯。始经大学生建中申君等，从中理处，改碑具呈。恳恩蒙批，既据处令更正碑文两迭业。经允服永杜争端。鑫恳免其终讼，姑者取具确切，甘结呈核夺。迨八人等具甘结加批，准结附卷为自勒石垂细，后爰作文记之。余□□□于樾下，宜广其荫。徐庄镇系我先世聑谋，无他人尺寸之土。当日招商立市，约远近卖条者会肖一处，以便纳税，兼尽地主之宜。谊任商众咸在余族所建关帝庙内成交，其间如商客被扰，势演法戬称不公理，私处我族人皆调剂之用，是商贾辐转客主，□猜者，迄今百有余年。更因旧庙福厃，乃不文重贳购到族中庙后平地二亩，为合族公产，预为式廓之图乾隆叁拾肆年，余族叔昶，董理展修关帝庙，彼时举族同心，并赖众行，及各镇人协力共济，规横于焉宗宏，又于其旁营立老君庙，庙址构成东房三楹，厦棚一所，为条车方炉记。欲其各有宁宇，以不忧慢藏不患燠湿也。费浩繁姑迟，有待嘉庆二年，行方炉条车之家，冯正长、王干、吴永善、吴永清、吴永耀、冯永瑜、冯文礼、王有礼等八人，倡首派捐，央梁道士商请完修，我合族意在不肯违众。委余族侄杰董理工程越一载而告竣，嗟夫，我先人之立斯集也，绍睐安空用心焦力之劳匪一世矣。其建庙置市，请行招商，则我高祖敦仁庠生，高祖恂庠生、高伯祖微庠生、键庠生、捷庠生、杨庠生、恒庠生、考创其始。其停下调上集规，整理行事，则我曾祖大暌生庠、曾伯叔祖匡世庠生、辅世生篮大章举武，绍远庠生。我先祖协伯先伯叔祖为梁庠生、天麟庠生、为槊庠生、为霖庠生等。定其程其置买地基展拓庙横莫，则我先祖，肯若先伯叔秉铧庠生，维城庠生、敬庠生、先族兄致和庠生等。恢其绪，今构兹斩殿俾方炉条车之众，瞻礼有所以报神功，风雨有庇便以交易，居停有常，以怀东道，一举而三善修而乃倒持大河。授人以柄，谓物必先腐也，而后虫生之者。辛致守伺三月，始得商众具结改碑，以杜争端，庶几各分长正，则终今以来，客主如故者也。讵意出结之后，翻悔成约，申君等不克践言，不已后转讲和，力劝勿效，止锐找去地价字样。具方炉条本创建题目，延迟不改，天地主居，徐家创建，异姓于义云何？敞推情，亦云从也。朋友有信，何为然乎？聊将设庙，本志结案情由示来许，惟异明理达义之君，子悉其梗概云尔按此碑记今在关帝庙龙王殿门外西墙下，考之当日老君庙系与关帝庙相通，故碑臂在此，今过门迹尚在。

置河边地基永契录后

立让死契文约人徐自明等，因祖遗徐庄镇河边地，屡受水害地笈荒芜，粮银无着屡起争端。我兄弟公议，邀同族长，情愿将此河边地基卖死兴族，中公有堂名下为死业。当日受过，让业价大钱肆仟

文整，随带原买印契，照契管业。日后此地任族中修莲耕种，不许典卖粮银，差事亦有族中承辨，俱我兄弟无干，此系各出情愿，永无反悔，恐口无凭，立永远死契文约壹纸为证。道光拾年月日。

又置河边地基永契录后

　　死契文约人徐玢，今因自己买到西河滩地基，□□□□有用。族人邀前商说着我让业一半，出卖于本族公中为死业，以备宽展集场使用，先后东至路，及卖主地基，西至河心，南至徐转女地，北至买主。四至以内，土木金石相连。当日同中受过，死价大钱肆仟捌佰文整。即日钱业两清，各无反悔，如有违碍争端者，有卖主一面承管，兴买主无干，恐口无凭，立让业死契一纸为证。道光拾贰年月日。

　　立凭据明白人原士珍，因父亲在世，买到徐珍等徐庄镇西河滩地基壹块。徐珍立卖内有昔年，东沟村徐姓集主请到外村。赵姓、常姓摆集斗地基两块。徐珍立卖契之后，且在原姓买地基契据之时，集主邀同原姓融说，此摆斗地基永远不能改往别处。原姓买到此地基之内，情愿日后无论此二支斗。所摆地基，宽仄长短，毫无异说，恐口无凭，今立与集主徐姓凭据白壹存证。现下契存徐姓新立大王会中存照，以凭后用。同治拾壹年六月贰拾柒日，立凭据白人原士珍。契后批原士珍，买到徐珍地基，情愿每年交辛壁里壹甲二门，粮银壹钱整，同本镇。

我族与□北村人吴锡元交涉老君庙兴□□□讼在案记

　　按老君庙于嘉庆年间，阖族为方炉条车争执。地主兴讼在案。蒙□单父台案下，宾批得该生等，从前置买地亩。既有契据，立碑自应刊刻。生家捐银创修字样，至商众俱系外来客人，不得为徐庄镇土著云云，其详有关帝会龙王殿外碑记可考。嗣后越数百年，于民国七年，突有北村人吴锡元等，在老君庙门首悬方炉条车，会馆扁额，布图霸占地址，侵我权限。经族人之敬等，兴讼在案，蒙官出示严禁，取消扁额，不准伊再事搅扰。伊等后又牵族人，志勤到案，重行反异，守词数月不能决。官不得已，委商务会长从公理处，仍将伊扁额取消，不准再悬，祗准伊入庙酹神。由商务会复禀消案，后于民国拾贰年，吴锡元至我族婉说，愿将取消会馆扁额，增刻同集主字样，重行悬挂。我族以伊既不敢灭视集主，不失我族主权，不妨许伊再悬可也。于是增刻同集主字样，始重行悬起。

峪南村田落凰平空阻地我族起诉在案由

　　我族集南头米市之西，大河之东，有昔年。买到公业地基壹块，荒芜数年，于民国拾贰年，着族人井垦耕种，与户下纳粮，讵料毂将成就之欺。被峪南村民人田落凰，率领伊village人，竟将谷禾强刈之以去。我族因着丕显九昌等呈控到县，经官堂询查明，我族此地契据，将地完全断归我。□□□我毂禾堂后，我族人重行播种。该村人以讼不得直无颜见人，抗不遵断复强行□□，将楼具夺去。适县长以事临镇，伊等又执伊村中废契壹纸，面呈县长，县长遂即到地戡验，查伊废契，所列至数，于此地大不相同。责数等多端，饬其遵断。不意县长归署后，伊等仍前阻扰，我阻人丕显等复控到县。蒙饬警传伊等复讯，伊等用疲敌之计扬言，再行过堂，即使将伊等管押在所，出后亦必一争再争，缠讼不止。族人闻之佥，谓一坏荒地能值几何，且废时失业耗费许多金钱，不若忍之为尚，因而再未追案，姑置不理。暂作间田，后人倘再交涉此地，一览可晷知其颠末云。

编宗派字样缘由

我族户大丁多，命名困难之至，且家自为名，从来禀知族长。故尊卑名字，重复层见迭出。欲为改易，则命名已久，且名列木主牌位，如何削去，因随意编宗派字样，以之命名可也。其宗派样拾陆个如下：一堂晤言、欣沾化雨、同贺丰年、共享升平。

置买创修祠堂永契录后

立让业正死契。文字人徐丁氏，同子吹打，因一时不便，今将自己祖遗上头院中院，屋圪良房三间，东北角屋圪良房两间，基址至数：东至根基外，西至根基外，及后院碾道路，南至院心，北至后院院□，文至徐小维后院东房山趣。东北角屋圪良，日后买主修理完全，许向卖主厦口楼上下走路，□至以内土木金石相连，人行道路，水入流出，照旧通行，央中说合，情愿卖死，契大王会名下为死业，当日同中受过死价大钱一百仟文整，即日钱业两清，均无异说，自卖死之后，倘有户族人等争端者，有卖主承管，不与买主相干。此系各出情愿，毫无反悔，恐口不凭，立让业壹纸为证。
中华民国年月日　立让业死契文字人徐丁氏同子吹打，契后批此屋圪良，让死于大王会，作徐家户下修祠堂占用，不能转卖于人，自立契之后，徐姓兄弟吹打争论，报告息讼会公断，着各门分钱项。

立永远死契文字人徐来意，因一时不便，将自己祖遗上头院碾道地基两间，东至买主屋圪良，南至徐银水房，西至徐小维屋圪良，北至徐小维后院西房山趣，日后修造房屋，宜有后院。出入行走路，各至以内土木金石相连，人行道路，水流出入，照旧通行。央中说合，情愿出卖死契，大王会名下为死业。当日同中受过，死价大钱整，即日钱业两清，各无异说，自卖之后，倘有户族争端，有卖主承管，不与买主相干。此系各出情愿，永无反悔，恐口不凭，立永远死契一纸为证。　中华民国年月日立　永远死契文字人徐来意

后　记

东沟古镇位于晋城市区西北17公里处的长河东岸，南北面山，呈"二岭夹一沟"之势，故名"东沟"。长河是古代泽州地区重要的水路交通线。明清时期，各色货船来往如梭，帆樯交织，为东沟古镇的繁荣奠定了基础。

需要说明的是，本书所指的"东沟古镇"，包括明清时期的"东沟村"和"徐庄镇"两个部分。东面的"东沟村"以居住建筑为主；西面的"徐庄镇"主要是商业建筑，三条南北向商业街道并行排列，两侧商铺林立，外设堡墙环绕，自成一体。村与镇之间是农田，唯有一条小路相连，解放后才扩路并新建了大量现代房屋，规模渐增。现在的行政划分已将二者合为一体，统称"东沟村"，隶属于大东沟镇。现存的建筑遗产以徐家大院最有代表性，有大小院落约18座，规模宏大，建筑考究，组织巧妙，空间丰富，具有较高的保护和研究价值。

东沟的调查从2007年开始，前后持续了两三年。在东沟的调查和研究过程中，我们得到各方面的帮助和支持。山西省住房和城乡建设厅厅长王国正、总规划师李锦生等领导对这套丛书给予了高度重视和积极支持。山西省住房和城乡建设厅城建处处长张海同志（原村镇处处长）对本书的定位、框架提出了许多宝贵意见和具体指导。村镇处处长薛明耀、副处长于丽萍同志为了保证调查研究工作的顺利开展做了大量的组织和协调工作。在2007～2010年期间，先后参加东沟村调查的硕士研究生和高年级本科生有马琛、王霖硕、石玉、王倩等。刘捷博士通阅全书，提出许多很好的修改建议。村委主任徐保进、支部书记秦立新对我们的调查研究给予了多方面的支持和帮助。徐江河、徐九善在我们调研期间，积极配合，做了大量的工作。另外，本书的部分工作还得到北京交通大学"红果园'双百'人才培育计划"的资助。在此，一并表示衷心的感谢。

2007年，东沟村被山西省政府公布为第二批省级历史文化名村。我们愿继续为东沟村的保护发展做些力所能及的事情，也衷心祝愿东沟的文化遗产留存千古，并得到合理的开发利用！

本书由薛林平、石玉、于丽萍、王倩分别撰写或整理了相关内容，最后由薛林平统一修改定稿。想必书中会有遗漏、不妥、错误之处，恳请各界学者及广大读者批评指正。

薛林平
北京交通大学建筑与艺术系
2010年8月1日